创新型市场营销专业精品教材

商业经济基础

SHANGYE JINGJI JICHU

主编◎仇云东　刘晓英　关兆新

内容提要

本书采用项目任务式的编排方式，以商业运行过程为主线，融入众多商业经典案例，旨在激发学生的学习兴趣，促进学生掌握并应用商业知识。本书共 7 个项目，包括认识商业，认识商业活动、商业主体及商品流通规律，识别传统商业经营模式，识别新型商业经营模式，体验商业运营，了解商业信用与财务管理，商业模式创新与创业。

本书内容实用，体例丰富，可以作为各类院校市场营销专业学生的教材。

图书在版编目（CIP）数据

商业经济基础 / 仇云东，刘晓英，关兆新主编. 上海 ： 上海交通大学出版社，2024.8. -- ISBN 978-7-313-30982-2

Ⅰ. F7

中国国家版本馆 CIP 数据核字第 202497G4U5 号

商业经济基础

SHANGYE JINGJI JICHU

主　　编：仇云东　刘晓英　关兆新

出版发行：上海交通大学出版社　　地　　址：上海市番禺路 951 号

邮政编码：200030　　电　　话：021-64071208

印　　制：北京谊兴印刷有限公司　　经　　销：全国新华书店

开　　本：787 mm×1092 mm　1/16　　印　　张：13

字　　数：300 千字

版　　次：2024 年 8 月第 1 版　　印　　次：2024 年 8 月第 1 次印刷

书　　号：ISBN 978-7-313-30982-2　　电子书号：ISBN 978-7-89424-862-6

定　　价：45.00 元

前言

PREFACE

商业是社会经济发展的重要支柱，商业的发展极大地丰富了人们的物质生活，提高了人们的生活品质。随着经济全球化的深入发展，企业面临来自全球同行的竞争，激烈的竞争促使企业不断创新和变革商业模式，同时对商业人才也提出了更高的要求。

为了让学生掌握商业基础知识，通晓商业运行规律，本书从认识商业，认识商业活动、商业主体及商品流通规律，识别传统商业经营模式，识别新型商业经营模式，体验商业运营，了解商业信用与财务管理，商业模式创新与创业等 7 个方面展开，全面介绍商业运行过程，同时融入众多商业经典案例，引导学生从多个角度理解和分析商业活动，从而培养敏锐的商业嗅觉，为未来的职业生涯奠定坚实的基础。

总体而言，本书主要具有以下几个方面的特色。

一、立德树人，润物无声

党的二十大报告指出："育人的根本在于立德。"本书有机融入党的二十大精神，秉持"立德树人，德技并修"的编写理念，将诚实守信、公平竞争、遵纪守法、勇于创新等素养目标融入课程教学中。例如，在"学习目标"中设置素养目标，在"项目学习成果评价表"中设置素养评价指标，引领学生在学习过程中培养商业思维和职业道德。

二、巧设体例，学思并重

本书采用项目任务式的编排方式，灵活融入丰富的体例，具有较强的互动性、趣味性和实践性。具体来说，本书的特色体例如下。

任务导入：以生活中的商业现象作为导入情境，激发学生的学习兴趣。

博学慎思：以紧扣知识点的商业案例为引子，引发学生思考，加深其对相关知识点的理解。

商业观察：从商业视角解读生活中的商业模式、商业活动以及相关政策，引导学生将商业知识与现实生活相联系，帮助学生理解商业知识的应用价值。

知识纵横：辨析容易混淆的知识点，介绍与重要知识点相关的经济或法律知识，拓宽学生的知识面。

力学笃行：设计切实可行的实践活动，提升学生的应用能力与实践能力。

三、查漏补缺，巩固提升

本书每个任务均设置“任务考核”，每个项目均设置“项目学习成果”。“任务考核”模块包含单选题、多选题和简答题等多种题型，方便学生查漏补缺，巩固所学知识。“项目学习成果”模块从知识、能力、素养、实践4个维度对学生的学习成果进行评价，便于教师了解学生的学习情况，从而开展有针对性的指导。

四、数字资源，丰富多彩

本书配有丰富的数字资源，将教材、在线课堂和教学资源进行融合，构建了线上、线下相结合的教学模式。学生可借助智能手机或其他移动设备扫描扉页二维码获取相关内容，教师可登录文旌综合教育平台“文旌课堂”查看和下载本书配套资源，如“任务考核”答案、优质课件、教案、课程标准等。

此外，本书还提供了在线题库，支持“教学作业，一键发布”。教师只需通过微信或“文旌课堂”App登录扫描扉页二维码，即可迅速选题、一键发布作业、智能批改作业，以及查看学生的作业分析报告，提高教学效率，提升教学体验。学生可在线完成作业，巩固所学知识，提高学习效率。

本书由仇云东、刘晓英、关兆新担任主编，江春慧、隋晓、何燕萍、郑丰、曾祥菲、宁菁担任副主编。由于编者水平有限，书中存在的疏漏和不当之处，敬请广大读者批评指正。

特别说明：

（1）本书在编写过程中，参考了大量资料并引用了部分文章和图片。这些引用的资料大部分已获授权，但由于部分注明来源的资料来自网络，我们暂时无法联系到原作者。对此，我们深表歉意，并欢迎原作者随时与我们联系，我们将按规定支付酬劳。

（2）本书没有注明资料来源的案例均为编者根据真实事件改编。

本书配套资源下载网址和联系方式

网址：https://www.wenjingketang.com

电话：400-117-9835

邮箱：book@wenjingketang.com

片头

目录 CONTENTS

项目一
认识商业

项目导读

什么是商业？商业从何而来，又将如何发展？商业与消费之间存在怎样的关系？哪些因素会影响商业的运行？

本项目主要从商业的产生与发展、商业与消费的关系和商业运行环境 3 个方面阐述商业及其背后的经济现象，主要内容如图 1-1 所示。

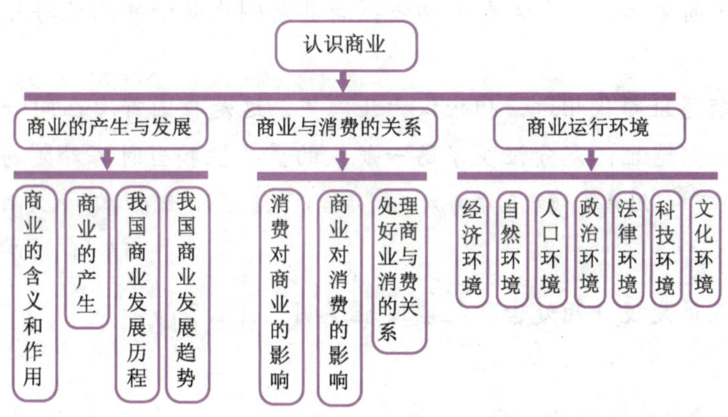

图 1-1　知识框架图

学习目标

知识目标

（1）了解分工、商品交换和商业的含义。

（2）熟悉中国商业发展历程。

（3）掌握中国商业发展趋势。

能力目标

（1）能够厘清商业与消费的关系，并将所学知识运用到实际生活中。

（2）能够分析商业运行环境，找出影响商业运行的因素与条件。

素养目标

（1）深刻理解商业在国民经济中的重要地位。

（2）树立正确的消费观念，增强保护消费者权益的意识。

任务一　了解商业的产生与发展

任务导入

2022 年 10 月，考古人员在我国南海西北陆坡约 1 500 米深度的海域发现了两处古代沉船遗址。一处命名为南海西北陆坡一号沉船遗址，船中有成堆的文物，以外销的瓷器为主，数量超过 10 万件。考古人员初步判断其为明代正德年间的沉船。另一处命名为南海西北陆坡二号沉船遗址，船中有大量原木。这些原木尺寸相近、码放整齐，大多经过了简单加工。考古人员初步判断其是明代弘治年间从海外将原木运往中国的沉船。

这两处沉船遗址年代相近，相距仅十几海里。这是我国首次在同一海域发现出航和回航的古代船只遗址，充分证明了这一航线的重要性和当时海外贸易的繁荣程度。

（资料来源：施雨岑、周慧敏，《我国南海发现两处古代沉船遗址 沉船水下永久测绘基点已布放》，新华网，2023 年 5 月 22 日）

思考：考古人员发现这两处古代沉船遗址说明了什么？

一、商业的含义和作用

（一）商业的含义

商业是商品交换的发达形式，是通过买进与卖出的经济活动，把商品从生产者手中转移到消费者手中的商品交换活动。商业的产生是社会分工的重大进步，使经济关系从单纯的商品供给者和需求者之间的关系，演变为生产者、经营者、消费者之间的多重的经济关系。

第一次社会大分工是原始社会后期发生的畜牧业与农业的分离。这促进了劳动生产率的提高，使不同部落之间交换产品成为常见现象。原始社会由此开始出现了从事专业化生产的农业部落和畜牧业部落。

第二次社会大分工是原始社会末期发生的手工业与农业的分离。人们开始以交换为目的去生产商品。商品交换不断发展，货币作为交换的媒介和一般等价物也随之出现，为商品交换进一步扩大创造了必要的条件。

第三次社会大分工是奴隶社会初期商品生产和商品交换不断扩大的结果，产生了专门从事商品交换的经济行业，即商业，同时也创造了一个不从事生产只从事商品交换的阶层，即商人。商人阶层的出现缩短了商品买卖的时间，扩大了商品市场。

思考：社会分工对商业的产生有什么影响？

（二）商业的作用

从总体上看，商业在国民经济中的作用表现为以下几个方面。

1. 保障社会再生产的顺利进行

商业作为联结生产与再生产、生产与消费的桥梁，在国民经济中发挥着重要作用。一方面，企业从商业部门购置机器设备、原材料等生产要素，为社会再生产奠定基础。另一方面，商业部门通过不断开拓商品市场、扩大商品流通规模，推动了生产规模的扩大；商业部门通过加快商品交换速度、减少商品流通时间，提高了社会资本的周转速度。

2. 引导社会资源合理配置

商业从以下两个方面引导社会资源合理配置。

第一，商业部门的出现，使生产部门从流通领域中脱离出来，使其能够将资源集中于生产，保证了生产领域的资源投入量。

第二，商业部门了解供求信息，可以将供给方面的信息传递给需求方，指导购买力的投向；将需求方面的信息反馈给供给方，指导生产部门生产适销对路的产品。商业通过对供求的双向调节，引导社会资源的合理配置。

3. 深化分工，推动技术进步

商业的发展、分工的深化和技术的进步总是紧密结合在一起。商业部门为了逐利，促使市场不断扩张，将越来越多的产品、越来越广的领域、越来越大的地区纳入商品经济的范围。市场的扩张又促进分工的发展和技术的进步。因此，商业部门的逐利行为间接推动了分工的深化和技术的进步。

4. 降低社会交易费用

为了在市场竞争中取得优势地位，商业企业不断调整自身的规模、结构和发展方向，优化交易流程，降低沟通成本，不断提高商品交换的效率。这些措施不仅有利于商业企业的发展，还有利于降低社会交易费用。

二、商业的产生

商业是商品交换的高级形式，商品交换又与分工的产生与发展紧密联系在一起。因此，要了解商业，先要了解分工与商品交换。

（一）分工

分工是指人类为提高劳动效率而从事专业化劳动的做法。分工是交换产生的基础，同时分工的不断细化促使交换进一步发展。

分工作为一种普遍的经济现象，有其存在的客观必然性，这主要是由资源的制约、技术的限制和提高效率的需要所决定的。

1. 资源的制约

从事经济活动的主体往往不可能拥有其所需的一切资源，生产力的发展也不能完全摆脱资源条件的束缚，而且资源条件在长期内难以改变，因此，在资源的制约下，分工必然出现。

游牧民族长期生活在草原，主要靠放牧为生。受自然条件的影响，草原地区降水量不足、地力贫瘠、气温偏低，不适宜种植蔬菜、水果等农作物。他们需要蔬菜、水果、茶叶、大米等农产品时，就得从生产这些农产品的地方采购。同样地，种植这些农作物的地区也不适宜放牧，这些地区的人们需要从草原地区采购牛羊肉。

思考：案例中的分工是由什么因素决定的？你能举出哪些类似的例子？

2. 技术的限制

在经济领域中，技术并非广泛、均匀地分布于每个国家或经济体；相反，技术分布往往具有不均衡性，再加上各地区对专利技术的限制性保护等，使得技术的传播、转化、运用需要一定的时间，因此，在技术的限制下，分工是一种现实的需要。

3. 提高效率的需要

分工往往可以提高效率，促进生产力的发展。分工分为自然分工和技术分工。

自然分工是以人的生理条件为基础的分工，早在原始社会的氏族、部落中就已经存在。例如，男子从事渔猎工作，女子从事植物果实采集工作等。就自然分工而言，在生产力水平比较低的条件下，自然分工有效地发挥了不同性别、不同年龄的劳动者的体力和脑力的相对优势，充分利用了人力资源，促进了生产力的提高。

技术分工是按一定的技术准则生产产品而形成的分工。不同工种的劳动者各司其职，才能完成整个操作过程。就技术分工而言，一方面，技术分工有助于提高劳动者的熟练程度，促进技术的改进；另一方面，技术分工可以节省劳动者变换操作动作的时间，有利于提高时间利用率。

经济学家亚当·斯密于1776年在其代表作《国富论》中提出了著名的分工理论。

亚当·斯密以生产扣针为例，指出分工合作能促使劳动生产率大幅提高。他说，由于生产扣针的过程比较复杂，工序繁多，如果所有的工序全交由一个人来完成，那么每个工人一天最多只能生产20枚扣针；如果把扣针的生产流程分成48道工序，每个工人只负责其中的某些工序，很多工人分工合作，则劳动生产率会大幅提高。

思考：亚当·斯密分工理论中提到的分工属于哪种分工？

（二）商品交换

商品交换是指人们为了满足自身需求而自愿进行的交换。商品交换自产生之日起经历了简单的商品交换、简单的商品流通、发达的商品流通3个阶段。

1. 简单的商品交换

简单的商品交换是指物物交换。物物交换具有买卖合一的特点，只有在交换双方需要的商品种类与数量及他们的交易时间、交易地点严格一致时，交易才能成交。因此，物物交换的成交率很低。随着生产力的发展和交易规模的扩大，这种简单的商品交换形式已无法满足人们的需要。

2. 简单的商品流通

货币的出现使物物交换发展为以货币为媒介的商品交换，即简单的商品流通。因为有货币作为媒介，交换双方不需要在各方面都严格一致。这种商品交换由生产者主导，其交换的目的是实现商品的使用价值。这种交换形式使交换的范围进一步扩大。

3. 发达的商品流通

商业是以资本运作为载体的商品流通形式，其以货币投入为起点，以收回增值的货币为终点。这种商品交换由专门从事商业活动的人主导，他们采购商品，再将商品销售出去，赚取投资利润。

知识纵横

商业解决生产与交换的矛盾

商品交换起初由生产者主导，但随着交换活动越来越频繁和复杂，交换过程中的矛盾日益加剧，消耗了人们的时间和精力，而商业能够解决生产与交换的矛盾，如表1-1所示。

表 1-1　生产与交换的矛盾及其解决办法

矛盾	解决办法
生产与交换的时间不一致	生产的发展受到交换的制约，要求交换职能从生产者、生产部门分离出来，为使生产者留出更多的时间去从事生产活动
生产与交换的空间不一致	交换范围扩大，商品品种增多，要求由专业人员来承担商品交换任务，这样有利于节约社会劳动力，促进分工的发展
生产和交换的过程不一致	商品流通活动要实现规模化、专业化运作，就要求一部分人从生产中脱离出来，去专门从事商品交换活动，这样有利于节约社会流通资金，加速再生产的过程

为了解决生产与交换的矛盾，商业从产业部门中独立出来，使交换突破了时间、空间的限制，解决了生产与交换的矛盾，极大地节省了人们的时间和精力，提高了商品交换的效率，实现了生产过程与交换过程的统一。

三、中国商业发展历程

中国商业发展历程

中国商业发展历程如图 1-2 所示。

先秦时期	秦汉时期	隋唐和两宋时期	元明清时期
① 出现专门从事商品交换的商人 ② 社会生产力显著提高，商品种类更多、市场更广 ③ 各地都出现了商品交易市场	统一货币、度量衡、文字，为商业发展创造了良好的条件	① 商业城市迅速兴起 ② 海上丝绸之路与陆上丝绸之路并进，中国与各国贸易往来频繁 ③ 北宋出现最早的纸币“交子”	① 农业和手工业快速发展，出现了资本主义萌芽 ② 各地出现了以乡土亲缘为纽带的商人群体“商帮”

图 1-2　中国商业发展历程

（一）先秦时期的商业活动

夏朝时期，商族部落首领王亥以善于商品交换而出名。王亥带领族人役使牛马，发展生产，并组建起当时规模最大的牛马队，携带生产的产品与其他部落开展贸易。久而久之，人们就把从事贸易活动的商族人称为“商人”。王亥则被后人称为“商人的鼻祖”。

到了春秋战国时期，铁器的使用和牛耕的推广使社会生产力显著提高，商业也获得了快速发展。商品种类更多、地区贸易范围更广，这促使各地都出现了商品交易市场。

思考与讨论

你知道“商丘”地名的由来吗？

（二）秦汉时期的商业发展

公元前221年，秦国建立起中国古代历史上第一个统一的封建王朝。秦朝统一了货币、度量衡和文字等，为商业的发展创造了良好的条件。

西汉初期，统治者为了巩固中央集权，实行“重农抑商”政策，禁止商人从政，还提高了租税。

东汉时期，统治者对私营工商业采取了相对宽松的政策，促进了私营工商业的发展。

（三）隋唐和两宋时期的商业盛世

隋唐和两宋时期是中国封建社会的繁荣时期。

隋朝结束了魏晋南北朝300多年国家分裂、社会动荡的局面，实现了国家统一，尤其是京杭大运河的开通，使交通更加畅达，商业迅速恢复发展，并呈现出繁荣的景象。随着南方经济的发展，商业城市也迅速兴起。扬州、苏州、杭州和广州等城市逐步发展成为经济中心，尤其是扬州，商贾如织，富庶天下，成为当时著名的商业城市。

唐朝实行开放政策，鼓励外商到中国开展贸易，广州、宁波和扬州都是著名的对外贸易港口。这一时期，海上丝绸之路与陆上丝绸之路并进，唐朝与南亚、东南亚和东亚地区各国也有着密切而频繁的贸易往来。唐朝的都城长安，也成为全国的商业中心和贸易中心。

宋朝时期，城市人口迅速增加，商业空前繁荣，北宋出现了世界上最早的纸币“交子”。

思考与讨论

唐朝是中国封建社会的鼎盛时期，经济上繁荣兴盛，文化艺术上百花齐放，唐三彩就是这一时期产生的一种彩陶工艺品，它以造型生动逼真、色彩艳丽富有生活气息而著称。

如图1-3所示，这组三彩俑中牵骆驼的人俑为深目高鼻的胡人形象，做商人打扮。为什么唐朝墓葬中会有这样的胡人俑呢？

图1-3 三彩胡人牵骆驼俑

商业观察

《清明上河图》视角下的北宋商业文化

《清明上河图》（见图 1-4）是一幅举世闻名的画作，整幅画长 5 米多，描绘了北宋开封城内及近郊物阜民丰、兴旺繁华的景象。画卷右段描绘了宁静的田野和村落，中段描绘了汴河上舟来船往的景象，左段描绘了热闹的街市。

图 1-4 《清明上河图》局部

从画作中可以看出，当时的街道笔直、宽阔，屋宇鳞次栉比，除酒楼、药铺等大型店铺外，还有香铺、弓箭店、茶铺，以及门前挂着“解”字招牌的当铺。街市上行人摩肩接踵，川流不息，有看街景的乡绅，有做生意的商贾，有骑马的官吏，有叫卖的小贩，有乘坐轿子的女眷，有身背竹篓的行脚僧，甚至还有在城边行乞的残疾老人。总之，画中男女老幼，士农工商，各色人等，一应俱全。各种交通工具，如轿子、牛马车、人力车等一一展现在人们的眼前。

《清明上河图》不仅具有艺术价值，还具有极高的历史价值。中国历史进入北宋，结束了五代十国连年征战的局面，社会逐步走向稳定，农业得到了发展，带动了商业和手工业的空前繁荣。开封位于汴水上游，水陆交通非常发达，五代梁、晋、汉、周及北宋在此定都，苦心经营，加上坊市分区制［坊（居民区）不准经营商业，市（商业区）设在指定区域］从唐朝末年开始动摇，到北宋时被完全冲破，因此，此时的开封大街上几乎可以随处开设商铺，呈现出一派欣欣向荣的景象。

（四）元明清时期的商业沉浮

元朝规模空前的统一局面，以及畅达四方的水陆交通，为商业的发展提供了一些有利条件。

到了明朝，人们有了更加强烈的商业意识，社会上的商业气息也日益浓厚，中国古代的商业发展达到了高峰。这一时期，农产品商品化的程度快速提升，全国形成了若干手工业生产地与原料生产地。在商品经济特别发达的江南地区的丝织行业中，还出现了资本主义萌芽，即商人以商业资本投资生产，商人与生产者呈现出新型的自由雇佣关系。此外，随着商业的发展，各地出现了不少以乡土亲缘为纽带的商人群体——商帮。商帮内部的商人互相支持、和衷共济，成为市场价格的制订者、左右者和接受者。

自清朝嘉庆、道光年间开始，随着清王朝的逐渐衰败，中国古代商业的发展逐渐由巅峰向下滑落。

以小组为单位，搜集更多关于“商帮”的资料，挖掘中华传统商业文化的精神内涵。

四、中国商业发展趋势

与过去相比，商业已经发生了巨大变化，如商业企业摒弃传统商业企业过度重利的意识，树立全新的服务意识；商业组织交易方式不断创新，流通规模和流通范围不断扩大；商业经营手段不再局限于价格竞争，各种非价格竞争手段成为开展市场竞争的有力武器；等等。市场不断完善，制度日益健全，也给商业发展注入了活力。

思考与讨论

你能举例说明生活中的商业变化吗？

总的来说，中国商业发展趋势大致呈现以下特点。

（一）经营规模大型化

由于科技的迅速发展及生产力的大幅提高，商品生产达到了空前的规模，加之受全社会消费水平的提高、城市化水平的增长等诸多因素的影响，商业经营规模呈现大型化的发展趋势。具体表现在大型的批发公司、百货公司、超市、连锁商店、商业集团大量出现。经营规模的大型化让商业企业在市场竞争中拥有许多优势，如市场扩张优势、规模效益与成本优势、品牌塑造优势等。

（二）经营空间国际化

随着国际分工的深化及制造业公司的跨国扩张，商业公司也呈现跨国扩张的趋势。这些商业跨国公司以分销体系为基础，将集中采购与分散销售相结合，主要表现为在国外开设统一经营的连锁店。经营空间的国际化给商业企业提供了更广阔的市场，为其带来了更多的发展机遇。

（三）经营方式一体化

在激烈的市场竞争中，商业企业为了求得生存与发展，纷纷走上一体化经营的道路。一体化经营方式主要有以下几种形式：① 以生产企业为主导的一体化；② 以商业企业为主导的一体化；③ 以契约方式开展的一体化；④ 以连锁经营方式开展的一体化。

中国石油化工集团有限公司（以下简称“中国石化”），是我国最大的能源化工企业之一，其主要从事石油与天然气勘探、开发、销售，石油炼制、石油化工、化纤、化肥及其他化工生产与产品销售、储运等业务。为了掌握商品流通渠道的主导权，控制批发和零售环节，中国石化构建了庞大的成品油销售网络，成立了多家专门销售成品油的子公司，并投资建设了大量加油站。目前，中国石化的加油站总数位居世界第二。

思考：中国石化的经营方式是哪种一体化？

（四）经营品牌独立化

在传统的商业活动中，商业企业通常代理生产厂家的品牌，经销生产厂家的商品。20 世纪 80 年代以来，有些商业企业为了提高自身的品牌形象和竞争力，开始开发和经营自有品牌。例如，一些百货公司和超市在其销售的商品中增加一部分自主开发和经营的自有品牌商品。这些自有品牌商品由零售商自行组织生产或委托生产企业加工，再贴上零售商品牌并在本店销售。

进入 21 世纪后，随着零售商规模的扩大和地位的提高，零售商自有品牌迅速发展。一些较早涉足的商业企业，已在这一领域取得了巨大成功。例如，屈臣氏开发的护肤产品就深受广大消费者的喜爱，凭借其自有品牌，屈臣氏在个人护理零售市场上取得了成功。

思考与讨论

你能举例说明什么是自有品牌吗？

（五）经营追求差异化

在激烈的市场竞争中，经营者获得成功的关键在于提供差异化的产品和服务。商业企业往往通过产品创新取得竞争优势，还会不断申请专利保护，以求维持合法技术垄断，保持差异化优势。商业企业的自有品牌也是其强化产品差异化的一大利器。

（六）经营环境法治化

政府通过制定和执行法律法规，为企业提供良好的经营环境，从而保护产权，稳定市场预期，保证商业企业间公平竞争。目前，“放管服”（简政放权、放管结合、优化服务的简称）改革是经营环境法治化的重要内容，为深化“放管服”改革，政府不断出台相关配套政策措施，营造稳定、公平、透明、可预期的经营环境，推进经济高质量发展。

任务考核

一、单选题

1．飞机制造包括机身制造、发动机制造、航空电子设备制造、零部件制造等，因此，大型民用飞机供应链通常由来自世界各地的数千家公司构成，这种分工模式属于（　　）。

A．自然分工　　B．技术分工

C．简单分工　　D．复杂分工

2．商业是通过买进与卖出的经济活动，把商品从生产者手中转移到消费者手中的商品交换活动，它诞生于（　　）。

A．发达的商品流通　　B．第一次社会大分工

C．第二次社会大分工　　D．第三次社会大分工

3．（　　）出现了世界上最早的纸币“交子”。

A．唐朝　　B．宋朝　　C．元朝　　D．明朝

4．下列选项中，不属于中国商业发展趋势的是（　　）。

A．经营规模的大型化　　B．经营方式的分散化

C．经营空间的国际化　　D．经营方式的一体化

二、多选题

1．分工作为一种普遍的经济现象，有其存在的客观必然性。一般来说，分工主要是由（　　）所决定的。

A．资源的制约　　B．提高效率的需要

C．生理的差异　　D．技术的限制

2．商品交换自产生之日起经历了（　　）。

A．发达的商品交换　　B．简单的商品交换

C．简单的商品流通　　D．发达的商品流通

3．商业在国民经济中的作用表现为（　　）。

A．引导社会资源合理配置　　B．降低社会交易费用

C．保障社会再生产的顺利进行　　D．深化分工，推动技术进步

三、简答题

1. 简述商品交换的几个阶段。

2. 简述中国商业发展趋势。

任务二　厘清商业与消费的关系

任务导入

中央广播电视总台联合政府部门，在每年3月15日晚共同主办公益晚会，旨在维护消费者权益。2024年的“3·15”晚会曝光了某企业用劣质槽头肉制作梅菜扣肉的画面，简直不堪入目，令人作呕。这次事件颠覆了消费者对梅菜扣肉这一预制菜品类的认知，冲击了整个预制菜行业，极大地降低了消费者对该行业的信任度。

近年来，在短视频平台和直播带货的推动下，预制菜市场规模迅速扩大，其成为餐饮消费赛道的新星。一方面，预制菜省时、省心、省力，直接烹饪或者加热就可以端上餐桌；另一方面，一些预制菜的原材料低质，企业生产环境不规范，很可能损害消费者的健康。因此，政府在全国范围内部署开展对肉类产品违法犯罪行为的专项整治行动，切实保障人民群众饮食安全。

（资料来源：吴文武，《央视“3·15”晚会撕开了预制菜的遮羞布》，融中财经网，2024年3月18日）

思考：如何维护消费者的权益？

一、消费对商业的影响

消费对商业的影响主要表现在以下几个方面。

（一）消费需求是商业存在和发展的前提条件

消费需求引起交换。生产资料的交换是由生产过程中生产者的需求引起的；生活资料的交换是由消费者的需求引起的。没有消费需求，就不会有交换。因此，消费需求为交换及商业的存在和发展，提供了前提条件。

随着社会生产力的发展，人们的消费水平提高，消费需求趋向多样化，原有的商业业态难以满足不断变化的消费需求，推动新的商业业态出现。

（二）消费是商业企业的目的和动力

商品只有被消费，生产者的目的才能最终实现，商业企业的任务才算最终完成。商业作为生产和消费的纽带，它将商品从生产领域带入消费领域。为了及时把商品送到消费者手中，商业企业在组织商品流通的过程中，会尽量减少商品在流通过程中的滞留时间。这不仅可以使商业企业获得较好的经济效益，还为商业企业的发展提供了动力。

（三）消费的水平、结构制约商业发展

在供给不变的条件下，消费的水平、发展速度决定了交换的深度和广度，从而决定了商业的结构和发展速度。一方面，商业规模总是与人们的消费水平相匹配；另一方面，不同地区、年龄、职业和收入水平的人们有不同的消费结构，商业发展要满足不同人群的消费需求，适应消费结构的变化。

（四）消费方式和消费行为影响商业经营方式

消费方式是指人们消费生活资料、精神产品和劳务的方法和形式。消费行为是个人或家庭为满足生活消费需要而购买商品的心理、习惯和方法的统称。不同的消费方式和消费行为，往往对应不同的交换形式和交换内容，从而要求有不同的商业经营方式与之相适应。

思考与讨论

你能举例说明适应消费者的消费方式和消费行为的商业经营方式吗？

二、商业对消费的影响

商业对消费的影响主要表现在以下几个方面。

（一）商业是实现消费需求的途径

消费需求能否实现、能在多大程度上实现，既取决于生产水平，也取决于商业的发达程度。一般来说，商业越发达，商品流通越快，消费需求就越能得到满足。

（二）商业结构影响消费结构

消费结构受多种因素的制约，其中，商业结构是一个重要的因素。一般来说，商业结构越合理，消费结构也就越合理。如果能够有效地建立和发展不同层次的商业结构，那么各种层次和各种形式的消费需要都能够得到满足。

（三）商业具有引导消费的作用

商业经营者通过各种媒介和促销手段，向消费者传递商品知识，介绍消费方法，引导消费行为，从而提高消费者的消费能力。

商业对消费的引导一般遵循以下两个原则。

第一，促进消费效果改善。消费效果的改善意味着消费方式的进步，消费结构趋于合理，也意味着消费者在消费实物和享受服务后获得更大的满足。为了促进消费效果改善，商业经营者要引导人们理性消费，适度消费。

第二，促进文明、健康、科学的消费。文明消费能促进人们物质生活与精神生活的协调发展；健康消费能促进人们培养积极向上的生活方式；科学消费能指导人们提高对消费资料的利用程度。为了促进文明、健康、科学的消费，商业经营者要用科学的价值观指导消费者，引导消费者更新消费观念，纠正不健康的消费行为，养成文明的消费行为习惯。

常见的不合理的消费行为有以下几种。

（1）盲目消费行为。抢购和情绪化消费是常见的盲目消费行为。抢购主要发生在商品短缺、供给不足时，主要表现为消费者参与降价抢购、节日抢购和凑热闹抢购。情绪化消费是消费者因一时冲动而购买商品的行为。

（2）无序消费行为。攀比消费和过度追求高消费是常见的无序消费行为。正常消费行为的演进过程是从满足生理需要向满足安全、归属、尊重、自我实现等的需要过渡。但是在现实生活中，有的消费者缺乏健康的消费心理，在基本消费尚未得到满足的情况下，就盲目攀比或追求高消费，从而带来消费超出个人支付能力的无序状态。

（3）畸形消费行为。求神算卦、赌博等是常见的畸形消费行为。这种消费行为的产生原因是消费者缺乏科学知识和法律常识。

思考：你还能说出哪些不合理的消费行为？

（四）商业提高消费效益

消费效益包括时间效益和经济效益。商业可以从节约消费时间和金钱两个方面提高消费效益。一方面，商业活动可以使消费者及时、适时地购买到所需要的商品，从而节约消费者的时间；另一方面，商业经营者向消费者宣传商品研发知识、商品使用方法，同时提供售后服务，延长商品的使用寿命，从而节省消费者的金钱。

三、处理好商业与消费的关系

从商业与消费的关系来看，商业经营者必须以消费需求为导向，以维护消费者权益为核心，充分发挥商业对消费的引导作用。具体来说，商业经营者要做到以下几点。

（一）充分了解市场需求

商业经营者能否及时掌握消费需求的变化，经营适销对路的商品，直接影响商业经营者的经济效益和长远利益。因此，商业经营者必须以市场需求为导向，掌握市场需求的变化情况，研究消费变化的趋势和不同时期、不同地区人们的消费特点。

（二）维护消费者权益

在现代商业活动中，维护消费者的权益不仅是商业经营者自身发展的需要，也是全社会的要求。为此，商业经营者应当做到以下几点。第一，提供种类丰富、物美价廉的商品，满足广大消费者不断增长的消费需求。第二，提供优质服务，改善服务态度，提高服务质量，不断开拓新的服务领域，使广大消费者能获得良好的购物体验。第三，防止假冒伪劣商品进入流通领域，严禁坑害消费者的行为，自觉维护消费者的合法权益。

使用过期食品原料，商业经营者被处罚

博学慎思

在现实生活中，损害消费者权益的现象屡屡发生，主要有以下几类：① 产品质量不合格；② 产品价格与计量方面的欺诈；③ 假冒伪劣产品横行；④ 产品广告内容夸大，虚假宣传；⑤ 服务质量低劣。

除了商业经营者要树立“消费者至上”的观念，加强职业道德水平，消费者也应当提高自身素质，树立正确的消费观念，养成科学的消费习惯，增强保护自身权益的意识。

思考：维护消费者权益的措施有哪些？

（三）发挥引导消费的作用

商业经营者可以通过多种途径引导消费，具体来说有以下几种方式。第一，促进消费者不断更新消费观念，使消费者接受新商品、新的消费方式，不断充实消费内容。第二，指导购买力的投向，调节市场商品的供求平衡。第三，使消费者树立正确的消费观念，防止非理性消费，制止抢购行为，促进消费行为合理化和科学化。第四，宣传商品知识，指导消费者使用商品，提升消费体验。

任务考核

一、单选题

1．关于商业与消费的关系，下列说法错误的是（　　）。

A．商业是消费需求存在和发展的前提条件

B．消费是商业企业的目的和动力

C．消费的水平、结构制约商业发展

D．商业经营者要以维护消费者权益为核心

2．商业经营者通过各种媒介和促销手段，向消费者传递商品知识，介绍消费方法，这体现了（　　）。

A．商业是实现消费需求的途径　　B．商业结构影响消费结构

C．商业具有引导消费的作用　　D．商业影响消费效益

3．为维护消费者权益，商业经营者不应当（　　）。

A．提供种类丰富、物美价廉的商品

B．夸大宣传，以吸引更多消费者

C．提供优质服务，改善服务态度

D．防止假冒伪劣产品进入流通领域，严禁坑害消费者的行为

二、多选题

1．损害消费者权益的行为有（　　）。

A．商家提供低价优质的产品　　B．商家提供质量不合格的产品

C．商家的秤缺斤短两　　D．超市对特价商品明码标价

2．常见的不合理的消费行为有（　　）。

A．节日抢购　　B．盲目攀比　　C．求神算卦　　D．量入为出

3．商业发挥引导消费的作用，具体表现在（　　）。

A．促进消费者不断更新消费观念

B．指导购买力的投向

C．使消费者树立正确的消费观念

D．宣传商品知识，指导消费者使用商品

三、简答题

简述如何处理好商业与消费的关系。

任务三　分析商业运行环境

任务导入

隆盛庄是一个有260多年历史的古镇，位于内蒙古自治区乌兰察布市丰镇市东北部。乾隆三十三年，清廷招民垦荒，在此设庄，并取兴隆、昌盛、吉祥之意，将其命名为“隆盛庄”，之后这里便成为垦地农民的聚居之地。

到了光绪年间，隆盛庄发展到了鼎盛时期，人口超过2万，商业街区全是鳞次栉比的店铺，挂有牌匾的店铺就有3 000余家。当时的隆盛庄商贾云集，人流如织，呈现一派兴旺景象。

学者在研究大量史料后，指出隆盛庄商业兴盛的原因如下：隆盛庄位于长城沿线，蒙晋冀交汇之地，是塞北旱路的交通枢纽，也是内地农耕区与蒙古草原地区物资交换的贸易中心；在隆盛庄安顿的旅蒙商（在大漠地区从事商业活动的商人群体）多是“走西口”的新移民，尤其是晋商在此处集结，促进了隆盛庄商贸的繁荣；来自四面八方的人们聚集在一起，将不同的文化、生活习俗带到了这里，共同促进了隆盛庄经济的发展和民族文化的融合。

（资料来源：武峰，《隆盛庄：万里茶道上的商贸重镇》，《内蒙古日报》2022年12月29日）

思考：隆盛庄为什么能够发展成为商业重镇？

一、经济环境

经济环境是指影响商业运行的经济发展环境，包括社会经济状况、国家的经济政策两个大的方面。具体来说，影响商业运行的经济因素非常广泛，可以分为以下几类，如表1-2所示。

表1-2　影响商业运行的经济因素

类别	具体内容
基础设施因素	交通运输、邮电通信、仓储设施等基础设施的建设水平
法律因素	经济法律的完善程度
生产因素	生产资料所有制的性质与结构、生产力发展水平、社会分工的深度与广度、产业结构等

（续表）

类别	具体内容
分配因素	社会分配方式、分配政策等
消费因素	社会购买力水平、消费结构、消费方式等
市场因素	市场的发达程度、市场机制的健全程度等
货币因素	货币发行量、货币流通速度等
金融因素	金融业、银行业的发展水平，信用制度的完善程度等

二、自然环境

自然环境是指影响商业运行的自然地理环境，主要包括地理位置、气候条件、自然资源状况等因素。

一般来说，自然环境优越的地区商业相对繁荣。一方面，自然环境优越的地区，气候条件良好，自然资源丰富，适宜居住，也易于创造出更多的产品用于交换，从而为商业活动提供了天然条件；另一方面，自然环境优越的地区，往往交通便利，水陆运输发达，这又为商业物流提供了便利。历史上自然环境好的地区，尤其是水陆交通枢纽之地，往往商贾云集，经济发达。

在现代社会中，自然环境虽然不再是制约商业发展的主要因素，但是自然环境恶化、资源日益短缺，仍会对商业产生负面影响。

知行合一

以小组为单位，考察所在地区的商业聚集区，从地理位置、气候条件、自然资源等方面分析其形成的原因。

三、人口环境

人口环境会对商业运行产生广泛而深远的影响。影响商业运行的人口因素包括人口规模、人口年龄构成、人口地区构成、人口流动趋势等。

（一）人口规模

一般情况下，人口规模小，对基本生活必需品的需求量小，这部分商品的流通规模就小；反之，人口规模大，人们对基本生活必需品的需求量大，这部分商品的流通规模就大。

从经济增长与人口增长的关系来看，如果人口增长与经济增长相适应，则有利于商业的发展；如果人口的增长过快或过慢，就会出现人均购买力下降或总购买力下降的情况，这会阻碍商业的发展。

（二）人口年龄构成

人口年龄构成是指一个国家或地区的不同年龄的人口之间的比例关系。人口年龄构成决定消费结构。

人口年龄结构有 3 种类型：年轻人口型、成年人口型和老年人口型。在年轻人口型地区，人们对儿童用品的需求旺盛，童装市场、儿童玩具市场等会日益兴旺。在成年人口型地区，数量庞大的中年人口是社会消费的主力，他们具有稳定的经济实力，这会促进中高端消费品市场的扩张；在老年人口型地区，人们对老年用品的需求旺盛，营养食品市场、保健用品市场、药品市场会日益兴旺。

人口年龄构成不仅对当前商业运行产生影响，还对未来商业运行产生影响。例如，在一定时期内，如果年轻人口所占比重较小，那么未来可能出现严重的人口老龄化现象，这不但影响商业发展，还会带来一系列严重的社会问题。

思考与讨论

如果一个地区的人口年龄结构目前为年轻人口型，其会对该地区未来几年的商业运行产生怎样的影响？

（三）人口地区构成

人口地区构成取决于一个国家或地区的人口在不同地域的分布状况。这种分布状况在很大程度上反映该国或该地区的经济发展水平。

从我国的人口地区构成来看，由于受自然、经济、社会和历史等因素的影响，人口分布极不平衡，东部经济发达地区人口稠密，西部经济欠发达地区人口稀少。东部地区商品流通规模大，流通的商品中高附加值的商品占较大的比重；西部地区商品流通规模小，流通的商品中初级产品占较大的比重。

（四）人口流动趋势

在推进工业化和城市化的过程中，人口会从农村向城市大规模流动。这一趋势会对商品流通和商业运行产生重要影响。

从积极的方面看，这种人口流动扩大了商品流通规模，提高了商业从业人员素质，有利于商品经济发展。从消极的方面看，在市场机制不健全或管理体系不完善的情况下，由于城市对农村劳动力吸纳能力有限，人口的大规模流动可能造成一些地区商业经营秩序混乱，并带来一系列社会问题。

四、政治环境

商业运行的政治环境的内容广泛，包括影响商业运行的一系列政治因素，如国内的政治局势、国家政策及国际政治态势等。其中，国内政局的稳定是商业顺利发展的前提条件。稳定的政局能促进商业的发展与繁荣，动荡的政局会阻碍商业的发展。

此外，国家政策会对商业运行产生直接的影响。例如，在经济发展主要依靠科技和管理投入的今天，人力资本成为推动经济增长的重要因素。如果某地区具有完善的人才评价、流动、激励机制，则其能吸引更多优秀的职业经理人和投资者，进而有效促进该地区商业的发展。

五、法律环境

影响商业运行的法律因素包括法律制度体系的健全程度和与商业运行有关的具体法律条款。

健全、完善的法律体系，严格、公正的司法和执法程序，以及公民具有较强的法治意识，是维持商品流通秩序和保证商业正常发展的前提条件。在建立和发展我国市场经济的过程中，政府一直加强法治建设，以推动我国商业的发展。

知识纵横

商业常用法律

一、《中华人民共和国民法典》合同编

合同是民事主体之间设立、变更、终止民事法律关系的协议。我国现行的合同法律制度主要规定见于《中华人民共和国民法典》（以下简称《民法典》）合同编。

二、《中华人民共和国公司法》

公司是从事商业活动的主要市场主体。《中华人民共和国公司法》调整的对象是在公司设立、组织、运营或解散过程中所发生的社会关系，具体包括公司内部财产关系、公司外部财产关系、公司内部组织管理与协作关系、公司外部组织管理关系。

三、《中华人民共和国消费者权益保护法》

消费者权益是指消费者在生活消费过程中，购买、使用商品或接受服务时所应当享有的权利。《中华人民共和国消费者权益保护法》规定我国的消费者享有以下基本权利：① 人身财产安全权；② 知悉真实情况权；③ 自主选择权；④ 公平交易权；⑤ 依法求偿权；⑥ 依法结社权；⑦ 获得知识权；⑧ 受尊重权；⑨ 监督批评权。

四、知识产权法

知识产权是人们依法对自己特定智力成果、商誉和其他特定相关客体等享有的权利。中国知识产权立法起步较晚但发展迅速，现已建立起符合国际先进标准的法律体系。我国知识产权法不是一部具体的制定法，而是由著作权法、专利法、商标法、反不正当竞争法等若干法律、行政法规、司法解释、相关国际条约等构成。

六、科技环境

科技环境助力商业运行——以京东为例

影响商业运行的科技因素包括生产领域的科技进步与流通领域的科技进步两个方面。

生产领域的技术进步对商业运行的影响主要表现在以下方面。第一，生产领域的科技进步能够提升生产力，使生产者为市场提供更多、更好的商品，从而影响商品流通的规模、结构。第二，科技进步使产品更新换代的速度加快，大多数产品的生命周期有明显缩短的趋势，从而加剧商业竞争。

流通领域的技术进步对商业运行产生的影响主要表现在以下方面。第一，科技进步使商业的经营地域范围扩大，先进的交通运输工具和通信手段使现代商业超越地域限制。第二，科技进步使商业经营的组织形式不断发生变革，经营方式日趋多样化，管理手段日益现代化。例如，物联网、人工智能、大数据、云计算、区块链、虚拟现实技术等新技术的出现，极大地推动了智能商业的发展。

思考与讨论

你能举例说明科技环境对商业运行产生的影响吗？

七、文化环境

文化是指人类社会历史实践过程中所创造的物质财富和精神财富的总和，包括物质文化和精神文化。一般来说，物质文化决定了商业活动的空间范围及商业经营的内容、方式、水平等；精神文化决定了商业从业者的道德水平、社会对商业活动的价值观念等。

文化环境对商业运行的影响是巨大而深刻的。一方面，文化环境通过价值观念、伦理观念、思维方式、行为方式、生活方式来影响商业企业的决策者、组织者，从而在一定程度上决定商品经营的规模和方向；另一方面，风俗习惯、民族传统在很大程度上影响消费者的购买心理和购买行为，制约着商品结构。

博学慎思

A公司发布声明称，为寻求战略转型，自2019年7月18日起，A公司将退出中国电商市场。A公司就像是中国电商时代的旁观者，虽经历了15年的沉淀，但始终没能融入中国主流电商市场。

中国电商行业竞争极为激烈，但A公司的营销模式、运营体系依然按照其在B国（母国）的模式，经营策略不够本地化，其对中国市场的规则、用户需求也把握不准。

例如，中国消费者很注重购物体验，不同于B国消费者对页面设计的简单化要求，中国消费者喜欢更丰富的版面设计，但是，A公司不管是App界面、商品详情还是售后服务，都套用了其在B国的模板。此外，消费者如果要退货，A公司要求消费者自行将商品寄出。就算再忠实的客户，也会因为不好的购物体验而降低购物热情。A公司缺乏了解他国文化的意识，也就很难以新姿态适应他国市场。

思考：为什么说“A公司缺乏了解他国文化的意识，也就很难以新姿态适应他国市场”？

任务考核

一、单选题

1．关于商业运行的自然环境，下列说法错误的是（　　）。

A．自然环境优越的地区，气候条件良好，自然资源丰富，适宜居住，也易于创造出更多的产品用于交换，为商业活动提供了天然条件

B．自然环境优越的地区，往往交通便利，水陆运输发达，为商业物流提供了便利

C．自然环境优越的地区一定会商贾云集，经济发达

D．自然环境恶化、资源日益短缺，也会对商业产生负面影响

2．一个国家的社会消费主力是数量庞大的中年人口，具有稳定的经济实力，这个国家的人口年龄结构为（　　）。

A．年轻人口型　　B．中年人口型

C．成年人口型　　D．老年人口型

3．小刘在某平台网购了一件衣服，收到货后发现衣服质量非常差。在仔细比对商标后，他发现这件衣服是仿制某知名服装品牌的伪劣产品。小刘应该用（　　）维护自己的合法权益。

A．《中华人民共和国商标法》　　B．《中华人民共和国消费者权益保护法》

C．《中华人民共和国公司法》　　D．《中华人民共和国专利法》

二、多选题

1. 下列选项中，属于影响商业运行的经济因素的有（　　）。

A. 社会购买力水平　　B. 人口年龄构成

C. 市场的发达程度　　D. 风俗习惯

2. 下列选项中，属于影响商业运行的人口因素的有（　　）。

A. 人口规模　　B. 人口年龄构成

C. 人口地区构成　　D. 人口流动趋势

3. 下列选项中，属于生产领域技术进步对商业运行的影响的是（　　）。

A. 先进的交通运输工具和通信手段使现代商业超越地域限制

B. 科技进步能够提升生产力，使生产者为市场提供更多、更好的商品

C. 科技进步使商业经营的组织结构形式不断发生变革，经营方式日趋多样化，管理手段日益现代化

D. 科技进步使产品更新换代速度加快，大多数产品的生命周期有明显缩短的趋势，从而加剧商业竞争

三、简答题

1. 简述影响商业运行的经济因素。
2. 简述文化环境是如何影响商业运行的。

力学笃行

实践概述

实地调查本地的一个超市，了解超市导购员的工作流程。作为志愿者，体验导购员的一天，并在活动结束后分享自己的心得体会。

实践目的

加深对商业和消费关系的理解，树立正确的消费观，能够在日常生活中理性购物。

实践准备

（1）学生分成若干小组（6～8人为一组），并选出每组组长。

（2）每组学生选择不同的体验区域，如生鲜区、服装区、日用百货区等。

（3）选择实地调查的超市，并与超市取得联系。

实践过程

（1）工作人员讲解超市导购员的工作流程。

（2）学生认真观察营业活动，并学习相关商品的知识。

（3）各小组在超市不同区域担任志愿者，为消费者提供服务。

成果展示

（1）以小组为单位，分享自己作为超市导购志愿者的心得体会。

（2）各小组讨论本小组所服务区域的商品特点和消费者需求。

（3）汇报结束后，教师点评并组织全班学生讨论。

请根据实践情况，填写表 1-3 和表 1-4。

表 1-3　小组成员及分工情况

班级		组号		指导教师	
小组成员	姓名	学号	任务分工		
组长					
组员					

表 1-4　实践计划及实施情况记录

时间安排	实施情况
实践准备	
实践过程	
成果展示	

项目学习成果

请根据本项目的学习和实践情况，填写表 1-5。

表 1-5　项目学习成果评价表

<table>
<tr><td>姓名</td><td></td><td>班级</td><td colspan="2"></td><td>日期</td><td colspan="2"></td></tr>
<tr><td>学号</td><td colspan="3"></td><td colspan="2">指导教师</td><td colspan="2"></td></tr>
<tr><td>项目名称</td><td colspan="7">认识商业</td></tr>
<tr><td>评价维度</td><td>一级指标</td><td colspan="2">二级指标</td><td colspan="2">评价标准</td><td>分值</td><td>评分</td></tr>
<tr><td rowspan="3">知识评价</td><td rowspan="3">专业知识</td><td colspan="2">了解商业的产生与发展</td><td colspan="2">能够答对相应的习题，了解商业的含义和作用、商业产生与发展的过程</td><td>15</td><td></td></tr>
<tr><td colspan="2">厘清商业与消费的关系</td><td colspan="2">能够答对相应的习题，掌握商业与消费的相互影响</td><td>10</td><td></td></tr>
<tr><td colspan="2">分析商业运行环境</td><td colspan="2">能够答对相应的习题，分析商业运行的环境</td><td>10</td><td></td></tr>
<tr><td>能力评价</td><td>专业能力</td><td colspan="2">了解企业的工作流程</td><td colspan="2">能够在实地参观企业后充分了解企业的工作流程</td><td>5</td><td></td></tr>
<tr><td rowspan="2">素养评价</td><td>商业素养</td><td colspan="2">树立正确的消费观，增强保护消费者权益的意识</td><td colspan="2">能够在实践活动中充分体现商业素养，为消费者提供优质服务</td><td>10</td><td></td></tr>
<tr><td>综合素养</td><td colspan="2">具有团队协作能力和沟通协调能力</td><td colspan="2">能够与小组其他成员配合完成实践活动，并与消费者进行有效沟通</td><td>10</td><td></td></tr>
<tr><td rowspan="3">实践评价</td><td>实践准备</td><td colspan="2">制订实践计划</td><td colspan="2">小组成员分工明确，计划翔实，时间安排合理</td><td>10</td><td></td></tr>
<tr><td>实践过程</td><td colspan="2">观察并记录实践过程</td><td colspan="2">小组成员配合默契，能够按实践计划活动，并达到实践目的</td><td>20</td><td></td></tr>
<tr><td>实践成果</td><td colspan="2">撰写心得体会</td><td colspan="2">心得体会真实可信，内容深刻</td><td>10</td><td></td></tr>
<tr><td colspan="6">总分</td><td>100</td><td></td></tr>
</table>

项目二 认识商业活动、商业主体及商品流通规律

项目导读

什么是商业活动？从事商业活动的主体有哪些？商品是如何流通的？商品流通规律在商业活动中有哪些具体表现？

本项目主要从商业活动、商业主体、商品流通渠道和商品流通规律4个方面阐述商业的运行逻辑，主要内容如图2-1所示。

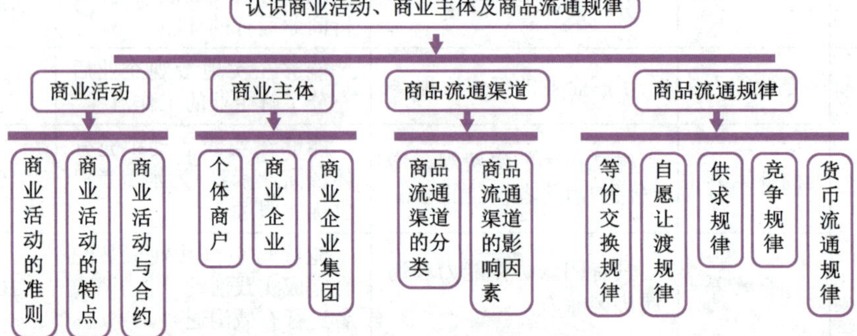

图2-1　知识框架图

学习目标

知识目标

（1）了解商业活动。

（2）熟悉常见的商业主体类型。

（3）掌握商品流通渠道与商品流通规律。

能力目标

（1）能够根据商业组织的特点，识别商业主体的类型。

（2）能够识别不同商品的流通渠道，并能指出商品流通规律在商业活动中的具体表现。

素养目标

（1）深刻理解“商业活动是商流、物流、信息流与资金流的统一”这句话的内涵。

（2）培养契约精神，在商业活动中自觉遵守合约。

任务一　认识商业活动

任务导入

2023世界物联网博览会（以下简称“物博会”）以“智联世界 融合赋能”为主题，吸引了来自世界各地的跨国企业的147名嘉宾齐聚无锡，共谋发展。

522家参展企业、33家世界500强公司，聚焦信息感知、网络传输、应用处理等产业链环节，重磅展出超百项的新产品、新技术、新业态，集中呈现物联网领域的产业变革和应用创新。本届物博会期间共有53个重大项目签约落地，合作金额达1 080亿元。据不完全统计，超过15%的展商与客户达成合作意向。

（资料来源：耿志超、张妍，《2023世界物联网博览会签约53个项目 总金额达1 080亿元》，人民网，2023年10月24日）

思考：为什么商业活动的双方当事人要签订合约？

一、商业活动的准则

商业活动是现代经济生活的重要组成部分，是商业发挥作用的具体表现，它主要围绕商业经营者的买卖行为来展开。

在市场经济中，为了保证商业活动的正常进行，商业经营者必须遵循以下准则。

（一）自愿性

所有商业活动必须建立在交易双方意志自由的基础上，买卖双方必须遵循自愿性原则，必须否定各种形式的超经济强制行为。为此，商业经营者要自觉排除依仗非经济的强制力量进行强买强卖的行为；政府、行会组织等不得对商业活动采取干预、限制、封锁、禁止、行政垄断等措施。

（二）互利性

互利性表现为通过商业活动买卖双方都能从中得到益处。互利性是自愿性的基础，是商业经营者从事一切商业活动的出发点。为此，买卖双方必须保证交易建立在等价交换的基础上，在核算成本与利益后，再做出交易的决定；政府有关部门要严厉打击片面抬价、商业欺诈等坑害消费者的行为。

（三）契约性

契约性表现为在商业活动中，买卖双方对交易的具体内容（如商品的品种、数量、质量、交货时间和地点等）要事先做出具体的规定。这种规定可以是口头达成的协议，也可以是书面达成的契约。

（四）非人格性

非人格性表现为在商业活动中，一旦出现事与愿违的情况，人格担保很难发挥作用。正因如此，商业活动不能依赖于人格担保，应以订立契约为原则。

二、商业活动的特点

商业活动的特点

商业活动的特点主要表现在以下几个方面。

（一）商业活动是商流、物流、信息流与资金流的统一

商业的基本职能是组织商品交换与商品流通。在组织商品交换和商品流通的过程中，必然产生商流（即商品价值形态的变化）、物流（即商品实体的运动）、信息流（即商业信息的传递与反馈）和资金流（即商品资金的运动）。

商流、物流、信息流和资金流的流向如图 2-2 所示。在商品交换的过程中，商业经营者向消费者转让商品所有权，想方设法地将商品送到消费者手中。在这个过程中，无论是商流还是物流，都会不断产生信息，这些信息伴随着商品的流通，在生产者、商业经营者和消费者之间传递和反馈。此外，商流必然伴随着资金流，因为商品所有权每改变一次，都必须以货币交易为条件。总之，商业活动是商流、物流、信息流与资金流的统一。

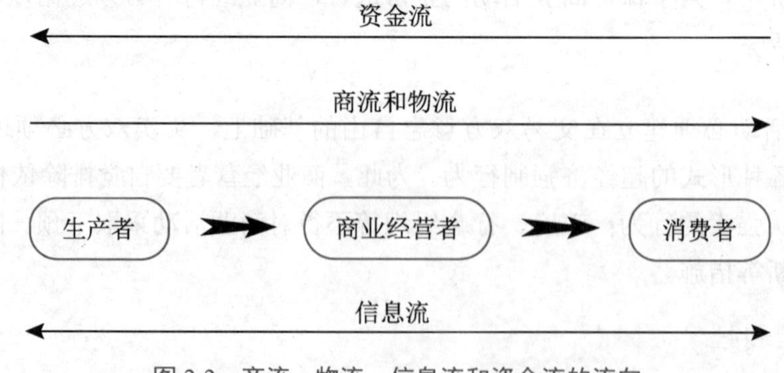

图 2-2　商流、物流、信息流和资金流的流向

（二）商业活动必须以市场为中心

市场是商品交换的场所，是商业经营者的舞台。市场从供求两个方面制约着商业活动的发展。第一，市场上消费者的数量、结构、需求和行为，决定着商业活动的内容和规模；第二，市场上生产者、商品和货币的数量，决定着商业活动的结构和形式。这就要求商业活动必须以市场为中心，商业经营者必须从市场需要出发，开展商业活动。

仁兆镇泡菜出海记

山东省平度市仁兆镇的蔬菜种植和泡菜加工产业占全镇产业的半壁江山。仁兆镇所产的蔬菜营养价值高且口感好，因而颇具市场竞争力。仁兆镇地处山东，在国内市场上具有贯通南北的区位优势，且其毗邻日、韩等蔬菜进口市场，在国际市场上也有价格优势。

以仁兆镇打开韩国市场为例。近年来，韩国由于受气象灾害的影响，屡次发生白菜价格疯涨、泡菜供给不足的现象。韩国政府为平抑市场菜价，满足居民需求，多次从以山东为主要地区的中国市场进口白菜和泡菜。仁兆镇抓住这个机遇，通过及时关注国外气象条件变化和国外市场价格变动，以仁兆镇厂家生产的白菜和泡菜为主力产品，以收购国内其他产区滞销蔬菜为辅助手段，抢先为出口配齐菜源，从而以高于国内售价的价格出口白菜和泡菜，同时助力其他产区解决了滞销问题。

仁兆镇泡菜出口贸易的成功，得益于其及时了解海外市场整体动向，调整出口货源、数量和订单方向，在国内市场循环畅通、供求基本平衡的基础上，通过海外市场化解决农产品过剩的问题，实现增收致富。

（三）商业活动有其独特的运作形式

商业活动的运作形式有以下特点：第一，从目的来看，商业经营者是为卖而买。商业经营者买进商品，不是为了自己消费，而是要将商品卖出去，获取差价，使资金增值，然后开始新的买卖。第二，从程序来看，商业活动是先买后卖。买是商业活动的起点，是卖的基础。第三，从过程来看，商业活动是连续买卖。为了确保生产、流通和消费能够不间断地进行下去，商业经营者会与生产者和消费者建立良好的关系。第四，从结果来看，只有勤进快销，减少积压，贱买贵卖，商业经营者才能从中获利。

（四）商业活动有很强的服务性

商业经营者不仅为消费者提供商品实体，还为消费者提供咨询、演示、导购、售后服务等服务。服务水平的好坏，直接关系到商业活动的成果。

三、商业活动与合约

由于商业活动存在复杂性和不确定性，为保证商业活动的正常进行，双方当事人应签订合约，并保证履行合约。

（一）合约的含义

合约是指当事人在地位平等、意志自由的前提下，为了确定各自的权利和义务而订立的共同遵守的条文。

（二）合约订立的原则

1．平等原则

平等原则强调合约当事人的交易活动是在双方地位对等情况下进行的。只有建立在平等基础上的合约，才能对所有当事人都有约束力，才能有效。

思考与讨论

现实生活中，我们经常可以看到由一方当事人制定、包含不可协商的格式条款的合约，如车票、保险单等。此时，合约双方当事人的地位是否平等？

2．自愿原则

自愿原则是指当事人不受干预和胁迫地自愿选择是否签约、签订合约方、合约的内容和合约的方式等。任何单位和个人，都不得非法干预。

3．公平原则

公平原则要求合约双方当事人之间的权利和义务要公平合理。在订立合约时，要根据公平原则确定双方的权利和义务、风险分配和违约责任。

4．诚实信用原则

诚实信用原则要求合约双方当事人在订立合约的全过程都要诚实，讲信用，不得有欺诈或其他违背诚实信用原则的行为。

此外，订立合约还应该遵守法律、行政法规，尊重社会公德，不得扰乱社会经济秩序或损害公共利益。如果合约当事人没有遵守以上原则，受损害方有权请求人民法院或仲裁机构变更、撤销所订立的合约。

（三）合约的形式

《民法典》规定，当事人订立合约可以采用书面形式、口头形式、推定形式等。

1. 书面形式

书面形式是指合同书、信件、电报、传真等可以有形地表现所载内容的形式。以电子数据交换、电子邮件等方式能够有形地表现所载内容，并可以随时调取、查用的数据电文，视为书面形式。

2. 口头形式

口头形式是指当事人通过谈话的形式进行意思表示，包括当面交谈、电话、托人带口信、当众宣布等形式。口头形式简便、迅速，但因缺乏相应记载，一旦发生纠纷，日后难以取证。

3. 推定形式

推定形式是指当事人通过有目的、有意识的积极行为将其内在的意思表示出来，双方可以根据常识、习惯或相互间的默契等，推知其已做某种意思表示。例如，房屋租赁期满，虽然当事人双方未明确续租，但承租人继续缴纳租金，出租人接受租金，可推知当事人双方做出了延长租期的一致意思表示。

任务考核

一、单选题

1. 关于商业活动的特点，下列说法错误的是（　　）。
   A. 商业活动是商流、物流、信息流与资金流的统一
   B. 商业活动必须以市场为中心
   C. 商业活动没有独特的运作形式
   D. 商业活动具有很强的服务性
2. 当事人通过面谈的方式进行意思表示，是（　　）形式的合约。
   A. 书面　　B. 口头　　C. 推定　　D. 沉默

二、多选题

1. 商业活动的准则包括（　　）。
   A. 自愿性　　B. 互利性
   C. 契约性　　D. 人格性
2. 商业活动的运作特点包括（　　）。
   A. 先卖后买　　B. 连续买卖
   C. 为卖而买　　D. 贱买贵卖
3. 合约的原则包括（　　）。
   A. 平等原则　　B. 自愿原则
   C. 公平原则　　D. 诚实信用原则

三、简答题

1. 简述商业活动的特点。
2. 简述合约订立的原则。

任务二　熟悉常见的商业主体

任务导入

王府井集团股份有限公司（以下简称“王府井集团”）是国内最大的零售集团之一。王府井集团总建筑面积超过540万平方米，涵盖百货店、购物中心、奥特莱斯、免税店等多种零售业态，销售网络覆盖全国；在36个城市开设零售店铺近450家，其中大型零售门店78家。

长期以来，王府井集团以诚实、诚信、专业化的经营，优质、贴心的服务赢得了广大消费者的信赖。超过2 300万名王府井集团会员及众多“粉丝”遍及全国各地，构筑了王府井集团庞大的流量基础，成为其未来业绩提升和新业务发展的强大支撑与保障。

（资料来源：王府井集团官网）

思考：王府井集团是哪种商业主体，具有哪些功能和优势？

商业主体，即商业经营者，是指以商品经营活动为内容，以市场交易方式为基础，以实现商品交换并获得利润为目的的个体商户或经济组织。它是商流、物流、信息流与资金流的组织者，也是将商品从生产领域带入消费领域的执行者。根据组织化、体系化和社会化程度的不同，商业主体可分为个体商户、商业企业、商业企业集团等形式。

常见的商业主体

一、个体商户

个体商户是最原始、最简单的一种商业主体，如个体餐饮店，其组织化、体系化、社会化程度极低。

个体商户具有以下特征：第一，个体商户的管理者为自然人，其仅以自己的名义从事商业活动，无其他可以识别的主体标志，不具有法人资格。第二，个体商户没有一定的社会规模和明确的组织体系，往往以家庭或作坊为单位，对血缘关系、师徒关系与雇佣关系未严格区分。第三，个体商户的所有权与经营管理权高度统一，没有发生分离。

个体商户的资金、信誉、管理等均受个人因素的限制，所以其规模、能力、活动范围、发展前景都有限。但是个体商户对资本规模和人员素质的要求宽松，经营管理灵活而有效，具有较强的适应能力，所以这种商业组织形式仍然有生存空间。

思考与讨论

街边的流动摊贩属于个体商户吗？

二、商业企业

商业企业是社会生产力提高与商品经济发展的产物，其组织化、体系化、社会化程度相当高。

商业企业具有以下特征：第一，商业企业以营利为目的，普遍运用现代科学技术手段来开展商品交换与商品流通活动，通常具有一定的社会规模，具备人员、资本、技术设备、经营管理水平等要素。第二，商业企业有比较完善的组织和管理制度，包括组织章程、机构设置、人员配备、管理权限等，能够适应环境的变化，抵抗外部因素的干扰。第三，商业企业具有产权明晰、权责明确、组织规范、管理科学等特征，是组织商品流通的中坚力量。商业企业根据财产组织形式可以分为独资企业、合伙企业和公司 3 种形式。

（一）独资企业

独资企业是指由个人出资兴办、完全归个人所有和控制的企业，如个人独资型便利店。独资企业是自然人企业，不具有法人资格。

独资企业具有开设、转让与关闭的手续简单，仅缴纳个人所得税，经营灵活等优点。但独资企业也有缺点，如个人对企业债务承担无限责任，企业的规模有限，企业发展受个人因素的限制等。

随着全民创业热潮兴起，独资企业这种商业组织形式越来越受到中小投资者的欢迎。但是不少投资者在创业时有如下困惑：到底是选择设立个体商户还是选择独资企业呢？实际上，个体商户和独资企业虽然都具有设立灵活、登记手续简便等特点，但是两者也有不少区别，需要投资者通盘考虑。独资企业和个体商户的区别主要有以下几点。

第一，独资企业必须有固定的生产经营场所和合法的企业名称，而个体商户可以没有固定的生产经营场所和名称，只以流动摊贩的形式在有关部门划定的场所和时间经营。

第二，独资企业的投资者可以委托或聘用他人来管理独资企业的事务，使所有权与经营权分离，而个体商户的投资者与经营者必须是同一人。

第三，独资企业可以设立分支机构，但个体商户不能设立分支机构。因此，独资企业的总规模一般大于个体商户。

第四，独资企业与个体商户在财务制度和税收政策上的要求也不尽相同。从实际情况看，独资企业需要按照税务机关的要求建立账簿，但如果税务机关不做要求，个体商户可以不进行会计核算。一般来说，符合条件的独资企业可以被认定为一般纳税人，而个体商户较难被认定为一般纳税人。

思考： 如果你想要在假期做小饰品生意，会选择什么商业组织形式？请根据自身情况说明原因。

（二）合伙企业

合伙企业是指由两个以上合伙人共同出资，共同经营，并归合伙人共同所有的企业，如普通合伙型药品超市。合伙企业也是自然人企业，不具有法人资格。合伙企业以合伙经营合同为基础，合伙人分为普通合伙人和有限合伙人两种，普通合伙人对合伙企业的债务承担无限连带责任，有限合伙人以其认缴的出资额为限承担责任。

合伙企业较独资企业而言，可以集中合伙人的资金，扩大了资金来源，提升了信用能力；可以集中合伙人的才智与经验，提高企业的经营管理水平。但合伙企业也有缺点，如产权转让困难，合伙人之间的关系不易协调，企业发展与合伙人关系密切等。

（三）公司

公司是指由多人集资创办并组织经营的营利性企业，如华润万家有限公司、上海大润发有限公司。公司具有法人资格，以自己的名义享有民事权利，独立承担民事责任。

公司具有筹资能力强、产权转让方便、管理效率高、股东对公司债务只承担有限责任等优点。但公司也有缺点，如公司承担企业所得税与个人所得税双重税负，组建费用高，受限制较多等。

知识纵横

有限责任公司与股份有限公司

公司制企业适应现代市场经济的内在要求，具有旺盛的生命力，是现实经济生活中最重要的企业形式。有限责任公司与股份有限公司是最常见的两种公司制企业，两者的不同点如表 2-1 所示。

表 2-1　有限责任公司与股份有限公司的不同点

不同点	有限责任公司	股份有限公司
规模	中小型企业	大中型企业
股东人数	50 人以下	无上限，但公司发起人应在 2 人以上、200 人以下
股东对本公司债务的责任	股东以出资额为限对公司债务承担有限清偿责任	股东以认购的股份为限对公司债务承担有限清偿责任
股东表决权	按出资比例行使表决权	一股一票
公司资本	股东转让资本比较困难，需要征得其他股东的同意	资本必须划分为等额股份，以股票形式转让，上市公司股票可以自由流通
公司财务	不必向全社会公开	上市公司必须向全社会公开

三、商业企业集团

商业企业集团是指以组织商品流通为基本职能，以大型商业企业为核心，由不同经济部门和行业的若干法人企业，按控股、参股或契约关系结合而成的一种具有多层次组织结构、多种经营功能、大型而稳定的企业联合体，如大商集团、王府井集团。

商业企业集团一般具有以下特征：第一，商业企业集团以商业企业为核心企业，吸引生产、金融、外贸、科研等诸多领域的企业加入，有利于提高市场的组织化程度。第二，集团成员之间存在资产关系和商品购销关系，有利于提高企业的规模效益和综合效益。第三，商业企业集团具有商品购销、物资流通、金融投资、信息交流、技术开发等多种功能，但以商品购销功能为主，有利于强化商业网络体系的功能。第四，商业企业集团通常以商业中心城市为依托，利用经济环境优势，根据经济区域和流通网络的状态构造自身的组织系统。

以小组为单位，选择一个商业企业集团，搜集相关资料，分析其核心企业与集团中其他成员的关系，并将分析结果制成 PPT 在班级内展示。

任务考核

一、单选题

1. 下列商业主体中，组织化、系统化、社会化程度最低的是（　　）。

A. 个体商户　　B. 有限责任公司

C. 商业企业集团　　D. 股份有限公司

2. 下列关于商业企业基本特征的说法中，错误的是（　　）。

A. 商业企业以营利为目的

B. 商业企业有比较完善的组织制度

C. 商业企业不以营利为目的

D. 商业企业有比较完善的管理制度

3. 如果你打算开一家设计工作室，并聘请专业人士管理工作室的事务，应该选择成立（　　）。

A. 个体商户　　B. 独资企业

C. 有限责任公司　　D. 股份有限公司

二、多选题

1. 下列商业主体中承担有限责任的是（　　）。

A. 独资企业　　B. 个体商户

C. 有限责任公司　　D. 股份有限公司

2. 下列关于有限责任公司的说法中，正确的是（　　）。

A. 有限责任公司的股东按出资比例行使表决权

B. 有限责任公司的股东人数无上限

C. 有限责任公司的财务不必向全社会公开

D. 有限责任公司通常为大中型企业

3. 下列关于商业企业集团的说法中，错误的是（　　）。

A. 商业企业集团以大型商业企业为核心

B. 商业企业集团中的企业全部为商业企业

C. 商业企业集团具有多种功能，以金融投资功能为主

D. 商业企业集团大多以商业中心城市为依托

三、简答题

1. 简述有限责任公司与股份有限公司的不同之处。

2. 简述商业企业集团的特征。

任务三　掌握商品流通渠道

任务导入

在手机上点几下，就可以买一束从云南空运过来的鲜花，这已经不是新鲜事。这背后体现的是云南鲜切花流通渠道的巨大变革。

探寻云南鲜切花的流通渠道

云南有丰富的鲜切花资源和发达的地面物流。自从互联网自用花生态兴起，消费者对鲜切花的需求增加，云南鲜切花生产商面向终端消费者的销售形式越来越丰富，包括产地生产商直接销售、销地批发商销售、电商平台销售等。

云南顺丰速运有限公司是斗南花卉种植基地（位于云南省昆明市呈贡区）鲜花物流的主要承运企业。该公司销售部经理介绍，通过空运发货的鲜花，能够实现 24 小时内送达 146 个城市，48 小时内送达 310 个城市。现在，云南有不少专门的鲜切花供应链公司，服务于平台、企业，乃至个人主播。鲜切花流通渠道多元化、消费便利化，推动了消费群体快速扩大，促进了消费市场成熟。

（资料来源：沈靖然，《鲜切花产业背后的科技力量》，《人民日报》2023 年 8 月 22 日）

思考：云南鲜切花的流通渠道属于哪种模式？

一、商品流通渠道的分类

商品流通渠道是商品从生产领域向消费领域转移过程中所经过的流转路线和经济组织的统称。商品流通渠道有多种分类方法。

（一）根据流通商品和终端用户分类

根据流通商品和终端用户的不同，商品流通渠道可以分为消费品流通渠道和工业品流通渠道两类。消费品流通渠道的终端用户是个人及家庭消费者，工业品流通渠道的终端用户为产业消费者。

（二）根据中间商所承担的职能分类

根据中间商所承担的职能的不同，商品流通渠道可以分为以下几种。

1. 产销合一渠道

产销合一渠道是指生产者把商品直接销售给消费者，不需要中间商的介入，生产者承担全部流通职能。例如，某汽车公司开设数百家4S店，自建产销合一的商品流通渠道。

2．产销结合渠道

产销结合渠道是指生产者与中间商有序地共同组织商品流通过程，生产者的销售机构承担一部分流通职能，中间商承担其他流通职能。例如，生产者经营产地批发业务，中间商经营中转地批发业务、销地批发业务及零售业务等。

3．产销分离渠道

产销分离渠道是指中间商组织商品流通的全过程。以日用消费品的流通渠道为例，中间商经营批发与零售的所有业务，承担运输、仓储、交易等全部流通职能。

知识纵横

中间商

中间商是指介于生产者和消费者之间，专门从事商品流通活动的商业组织。中间商是商品从生产领域流向消费领域的重要媒介。

在流通渠道中，中间商一般会被划分为代理商和经销商两大类。代理商没有商品所有权，只是向生产者介绍客户或与客户磋商、交易。经销商拥有商品所有权，先从生产者处购买商品，再将商品出售给消费者。

中间商的类型如表2-2所示。

表2-2 中间商的类型

类型		特点
代理商	独家代理商	有独家代理权；对商品的定价、销售范围等具有较大的决定权
	一般代理商	生产者可以同时选择多个代理商；代理商也可以同时为多个提供非竞争产品的生产者服务
	经纪商	为买卖双方牵线搭桥，从中赚取佣金
经销商	批发商	不直接服务于最终消费者，而是服务于生产者和转卖者
	零售商	服务于最终消费者

（三）根据中间商数目分类

根据中间商数目的不同，商品流通渠道可以分为以下几种。

1．零级渠道

零级渠道又称“直接渠道”，是指商品从生产者直接流向最终消费者，不经过任何中间商的渠道。传统的零级渠道主要用于工业品（如大型设备、原材料等）、部分消费品（如瓜果蔬菜、水产品等）的分销。随着互联网的普及，在保险、银行、房地产、化妆品等行业，零级渠道出现了电话直销、电视直销、网络直销等新形式。

2．一级渠道

一级渠道是指只包括一个中间商的商品流通渠道。在消费品流通渠道中，这个中间商通常是零售商；在工业品流通渠道中，这个中间商通常是工业品批发商。

近年来，随着一些大型零售企业规模的扩大，零售商越过批发商直接向生产者采购商品的渠道模式越来越常见。例如，国美、苏宁等大型家电连锁企业就是直接向家电生产企业大批量采购家电产品，然后在其连锁店内将家电产品直接销售给消费者。

3．二级渠道

二级渠道是指包括两个中间商的商品流通渠道。在消费品流通渠道中，这两个中间商通常是一个批发商和一个零售商，这是消费品的标准渠道形式；在工业品流通渠道中，这两个中间商可能是两个不同的批发商，也可能是一个代理商和一个经销商。

4．三级渠道

三级渠道是指包括三个中间商的商品流通渠道。在消费品流通渠道中，这些中间商往往是两个批发商和一个零售商；在工业品流通渠道中，三级渠道比较少见。实际上，一些消费品流通渠道包括的中间商数量可能更多，消费品流通渠道一般比工业品流通渠道要长一些。

二、商品流通渠道的影响因素

商品流通渠道不是一成不变的，而是受多种因素的影响，经常处于变动、调整之中。一般来说，商品流通渠道的影响因素有以下几种。

（一）商品因素

影响商品流通渠道的商品因素主要包括商品的体积与重量、易腐性、单位价值、通用性、技术含量等。

1．体积与重量

一般来说，体积大或分量重的商品的装卸和运输成本较高，商业企业往往需要通过减少流通环节和大批量运输的方式来降低流通费用。

2．易腐性

容易变质和过期的商品属于易腐商品，这类商品的流通渠道越短越好。

3．单位价值

一般来说，商品的单位价值越低，商业企业所能提供的分销费用也越低，通常需要中间商承担部分分销费用，所以商品流通渠道就越长。

4．通用性

一般来说，商品的用途越广泛，通用性越强，商品的流通渠道就越长，中间商也越多；反之，商品流通渠道就越短，中间商也越少。例如，日用消费品具有较强通用性，其流通渠道通常是由多个中间商构成；完全定制的商品不具有通用性，通常由生产者直接提供给消费者。

5. 技术含量

一般来说，在工业品市场中，高技术含量的商品通常采用零级渠道。这是因为生产者需要将商品的技术性介绍给潜在消费者，并在商品出售以后继续提供售后服务。在消费品市场中，一些技术含量较高的产品（如个人电脑等）通常采用零级渠道或一级渠道。

 思考与讨论

除上述影响因素外，你还能想到哪些影响商品流通渠道的商品因素？

（二）市场因素

影响商品流通渠道的市场因素主要包括市场区域、消费者数量、消费者密度和消费者行为等。

1. 市场区域

市场区域是指市场的地理范围，其决定了生产者与中间商之间的距离，也决定了中间商与消费者之间的距离。一般来说，市场区域越大，流通渠道就越长，中间商也越多；市场区域越小，流通渠道就越短，中间商也越少。

2. 消费者数量

一般来说，消费者数量越多，市场规模就越大，流通渠道也越长，中间商就越多；消费者数量越少，市场规模就越小，流通渠道也越短，中间商就越少。

3. 消费者密度

消费者密度是指每一单位区域内消费者的数量。一般来说，消费者密度越低，流通渠道就越长，中间商也越多；消费者密度越高，流通渠道就越短，中间商也越少。

4. 消费者行为

消费者行为主要指消费者的购买行为，包括消费者如何购买、何时购买、在何处购买和由谁购买4个方面。例如，因为消费者购买衣服的行为受季节影响较大，所以生产者应在流通渠道中添加中间商，由其承担存货职能，以减少生产波动。

（三）生产者因素

影响商品流通渠道的生产者因素包括生产者的规模、经济实力、管理能力和经营目标与策略。

1. 规模

生产者的规模大小决定了其对流通渠道的选择范围。如果生产者规模较大，能有效管理渠道，其在选择流通渠道时就有较大的余地。

2. 经济实力

一般来说，生产者的经济实力越强，资本越雄厚，其对中间商的依赖性就越小，流通渠道就越短。例如，为了能直接向最终消费者或工业用户销售产品，经济实力较强的生产企业通常组建自己的销售队伍，并提供各项支持性服务。

3. 管理能力

管理能力弱的生产者，对中间商较为依赖，其流通渠道较长；管理能力强的生产者，对中间商的依赖性小，其流通渠道较短。

4. 经营目标与策略

生产者试图严格控制产品和服务的流通情况时，就会限制中间商的数量，其流通渠道较短；反之，其流通渠道较长。

（四）中间商因素

影响商品流通渠道的中间商因素包括中间商的可得性、中间商的分销成本、中间商提供的服务及中间商的规模和实力。

1. 中间商的可得性

中间商的可得性表现为生产者能找到合适的中间商，中间商也能将商品送达消费者手中。如果生产者找不到合适的中间商，就需要开辟新的流通渠道。

2. 中间商的分销成本

中间商的分销成本是生产者选择流通渠道时必须考虑的一项重要内容。虽然中间商能提供一定的商品或服务，但如果其分销成本过高，生产者就会减少使用中间商，流通渠道就会缩短。

3. 中间商提供的服务

如果中间商能够提供多方面的服务，能在流通渠道中发挥较大的作用，那么生产者使用中间商的机会就多。

4. 中间商的规模和实力

如果中间商的规模大，实力强，能够承担全部流通职能，则易于形成产销分离的流通渠道；如果中间商只能承担一部分流通职能，则易于形成产销结合的流通渠道。

知识纵横

不同商品的流通特点

不同商品在生产和消费方面有不同的特点，因而，其在商品流通方面也有不同的特点。

（一）日用工业品的流通特点

日用工业品（如纺织品、百货等）一般集中在大中城市生产，而消费者遍布城乡角落，这决定了日用工业品是从城市向农村流通的。日用工业品的产量稳定，但消费者的需求多样，这决定了日用工业品生产企业和中间商需要注意产需衔接，及时调节供求平衡。

（二）农产品的流通特点

农产品生产者分布在农村，这决定了农产品是从农村向城市流通的。受气候条件、地理位置等因素的制约，农产品的生产在时间和空间上都具有不平衡性，这决定了农产品生产者和中间商要遵循以丰补歉的原则，统筹兼顾，全面安排。

（三）生产资料的流通特点

生产资料通常结构复杂，性能不一，技术性较强，可选择性较小，中间商一般具备相关技术知识，并以低频率、大批量的方式购买，这决定了生产资料流通的方向、规模和结构相对稳定。

知行合一

选择一种商品，考虑影响该商品流通渠道的众多因素，为其设计合理的流通渠道。

任务考核

一、单选题

1. 下列商品中，适合短流通渠道的是（　　）。

① 厨房用具　　② 海鲜

③ 洗护用品　　④ 高级定制服装

A. ①②　　B. ③④

C. ①③　　D. ②④

2. 下列关于中间商的说法中，错误的是（　　）。

A. 独家代理商对商品的定价、销售范围等具有较大的决定权

B. 一般代理商是为买卖双方牵线搭桥，从中赚取佣金

C. 批发商不直接服务于最终消费者，而是服务于生产者和转卖者

D. 零售商服务于最终消费者

3. 小张在某个源头工厂的直播间里买了一个行李箱，该行李箱的流通渠道是（　　）。

A. 零级渠道　　B. 一级渠道

C. 二级渠道　　D. 三级渠道

二、多选题

1．根据流通商品和渠道终端用户的不同，商品流通渠道可以分为（　　）。

A．消费品流通渠道　　B．工业品流通渠道

C．产销结合渠道　　D．产销分离渠道

2．影响商品流通渠道的市场因素主要包括（　　）。

A．市场区域　　B．消费者数量

C．消费者密度　　D．技术含量

三、简答题

1．简述商品流通渠道按中间商职能分类的方法。

2．简述商品流通渠道的影响因素。

任务四　掌握商品流通规律

任务导入

2024年春节刚过，国内新能源汽车市场上迎来了一轮降价潮。多家车企宣布下调旗下汽车的价格。率先宣布降价的是比亚迪，旗下两款汽车价格均下降了2万元，最低售价为7.98万元。随后，长安启源、哪吒汽车等新能源车企纷纷跟进降价。

据悉，这次新能源汽车的降价幅度从5%至15%不等，价格下降从几千元到几万元不等。现在我国的新能源车企发展非常快，造车技术逐渐成熟，市场规模不断扩大，已经具备与油车竞争的实力。不少新能源车企打出了“电车比油车省钱”的口号，以提高新能源汽车的市场占有率。

专家表示，新能源车企依靠降价手段占领市场很难支撑企业的长足发展。新能源车企应通过不断开展技术创新、大力开拓国际市场等多种方式，获取更大的市场份额。

（资料来源：袁菡苓、罗昱，《国内车市迎来降价潮 背后原因有哪些》，《成都日报》2024年3月4日）

思考：国内车企为什么纷纷降价？这体现了哪些商品流通规律？

商品流通规律贯穿商品流通过程，体现了商品流通领域经济现象之间的内在联系。商品流通规律包括等价交换规律、自愿让渡规律、供求规律、竞争规律、货币流通规律等。

一、等价交换规律

等价交换规律表现商品按照符合商品价值量的价格进行交换。在商品流通过程中，每一次交换的价格不一定相等，价格有时高于价值，有时低于价值，其围绕价值上下波动。但从长期来看，价格符合商品价值量。等价交换规律是价值规律在商品流通过程中的体现。

二、自愿让渡规律

自愿让渡规律表现为在商品流通过程中，双方在意志自由和互惠互利的条件下完成商品交换。自愿让渡的核心是双方通过公平交易获得各自的经济利益。在交换中一方如果运用超经济手段达到目的，则会使另一方的经济利益受损。只有遵循自愿让渡规律，才能切实维护生产者、商业经营者和消费者的利益。

三、供求规律

供求规律表现为商品供给和商品需求相互适应，趋于平衡。商品的供求关系存在供求平衡和供求不平衡两种状态。其中，供求不平衡有供大于求和供不应求两种表现形式。在供大于求的条件下，商品价格下降，供给减少，需求增加；在供不应求的条件下，商品价格上升，供给增加，需求减少。通过价格的调节，供求会恢复平衡。

2008 年，市面上许多运动品牌因为对奥运会后体育用品市场需求预期过高，所以积压了大量存货，导致销售业绩下滑。A 公司从中发现商机，决定建立运动服装鞋帽分销平台，并借助自己的信息优势，将运动品牌积压的库存，打折卖给消费者。如此一来，消费者获得了物美价廉的商品，运动品牌解决了资金链紧张的问题，A 公司也获得巨大收益，可谓一举多得。

思考：A 公司为什么能够取得成功？

四、竞争规律

旅行社运用竞争规律开发新产品

竞争规律表现为在市场经济中，不同商业主体为了最大限度地实现自身经济利益而进行公平竞争。竞争规律在商品流通领域的作用主要有以下两点。

第一，促使商业主体适应市场需求。在市场竞争中，商业主体如果能适应市场需求变化，则会实力不断增强，规模不断壮大；如果不能适应市场需求变化，则会经营管理不善，经济效益低下，甚至被淘汰。

第二，促使商业主体开拓创新。商业主体只有不断加强管理，扩大服务领域，开发新产品，开辟新市场，诱导新需求，从价廉、质优、服务周到等诸多方面满足消费需求，才能在市场竞争中立于不败之地。

20世纪90年代末，家电产品供给过剩，A电器公司掀起价格大战，众多电器厂家降价应对。B电器公司避开价格战，以品质和服务作为着力点，加快产品创新速度，不断提升产品和服务质量。因为B电器公司提供的产品和服务优于其他任何厂家，所以其产品价格略高于其他厂家，客户是能够接受的。最终，B电器公司保住了自身的市场份额，没有因为价格大战蒙受损失。

思考：B电器公司面对家电市场激烈的竞争，采取了哪种应对方式？

五、货币流通规律

货币流通规律表现为在商品流通中货币流通量的多少同商品量、商品价格水平成正比，同货币流通速度、货币的价值成反比。货币流通规律在商品流通领域内是普遍适用的，违反这一规律会造成通货紧缩或通货膨胀。

知行合一

衡量通货膨胀的指标通常有CPI（消费者价格指数）、PPI（生产者价格指数）、GDP（国内生产总值）平减指数。选择其中一个指标，搜集相关数据，判断当前经济是否存在通货紧缩或通货膨胀。

任务考核

一、单选题

1. 在供大于求的条件下，商品价格（　　），供给（　　），需求（　　）。

   A．下降　减少　增加　　　B．上升　减少　增加

   C．下降　增加　减少　　　D．上升　增加　减少

2. 下列关于等价交换规律的说法中，错误的是（　　）。

   A．商品按照符合商品价值的价格进行交换

   B．在商品流通过程中，每一次交换的价格一定相等

C．从长期来看，价格符合商品价值量

D．等价交换规律是价值规律在商品流通过程中的体现

3．下列商品交换活动，不符合自愿让渡规律的是（　　）。

A．消费者以略高于市场价的价格购买助农产品

B．消费者通过某二手平台以远低于市场价的价格购买到心仪的电子产品

C．某公司生产的产品滞销，为了减少积压库存，将滞销产品赠送给员工

D．某公司为了减轻财务负担，经常将公司的产品强卖给员工

二、多选题

1．竞争规律在流通领域的作用主要有（　　）。

A．促使商业主体适应市场需求

B．促使商业主体形成垄断优势

C．促使商业主体虚假宣传

D．促使商业主体开拓创新

2．货币流通规律表现为在商品流通中货币流通量的多少同（　　）成反比。

A．商品量　　B．商品价格水平

C．货币流通速度　　D．货币的价值

三、简答题

1．简述商品流通规律的内容。

2．简述供求不平衡的表现。

力学笃行

实践概述

选择一类商品，如洗护用品、小家电、服装等，搜集该商品流通渠道的相关资料，模拟商品流通过程，并分析在此过程中商品流通规律的具体表现。

实践目的

加深对商品流通渠道的理解，掌握商品流通规律。

实践准备

（1）学生分成若干小组（6～8人为一组），并选出每组组长。

（2）每个小组选择一类商品，搜集该商品流通渠道的相关资料，讨论该商品流通渠道的特点。

实践过程

（1）小组成员分别扮演生产者、中间商、消费者等角色，模拟商品流通过程。

（2）小组成员分析商品流通规律的具体表现。

成果展示

（1）学生就自己在模拟商品流通过程中所扮演的角色，撰写心得体会。

（2）以小组为单位，展示小组讨论成果。

请根据实践情况，填写表 2-3 和表 2-4。

表 2-3　小组成员及分工情况

班级		组号		指导教师	
小组成员	姓名	学号	任务分工		
组长					
组员					

表 2-4　实践计划及实施情况记录

时间安排	实施情况
实践准备	
实践过程	
成果展示	

项目学习成果

请根据本项目的学习和实践情况，填写表 2-5。

表 2-5　项目学习成果评价表

<table>
<tr><td>姓名</td><td></td><td>班级</td><td></td><td>日期</td><td></td></tr>
<tr><td>学号</td><td colspan="2"></td><td>指导教师</td><td colspan="2"></td></tr>
<tr><td>项目名称</td><td colspan="5">认识商业活动、商业主体及商品流通规律</td></tr>
<tr><td>评价维度</td><td>一级指标</td><td>二级指标</td><td>评价标准</td><td>分值</td><td>评分</td></tr>
<tr><td rowspan="3">知识评价</td><td rowspan="3">专业知识</td><td>了解商业活动</td><td>能够答对相应的习题，了解商业活动的准则和特点，了解合约的含义、原则和类型</td><td>15</td><td></td></tr>
<tr><td>熟悉常见的商业主体类型</td><td>能够答对相应的习题，根据商业主体的特点，识别不同商业主体类型</td><td>10</td><td></td></tr>
<tr><td>掌握商品流通渠道与商品流通规律</td><td>能够答对相应的习题，识别不同商品的流通渠道，并能指出商品流通的具体表现</td><td>10</td><td></td></tr>
<tr><td>能力评价</td><td>专业能力</td><td>选择一类商品，并深入研究其流通渠道</td><td>搜集相关资料，分析该商品流通渠道的特点</td><td>10</td><td></td></tr>
<tr><td rowspan="2">素养评价</td><td>商业素养</td><td>深刻理解商业活动是商流、物流、信息流与资金流的统一</td><td>能够在实践活动中充分考虑商业活动的各个方面</td><td>5</td><td></td></tr>
<tr><td>综合素养</td><td>具有团队协作能力和沟通协调能力</td><td>能够与小组其他成员配合完成实践活动</td><td>10</td><td></td></tr>
<tr><td rowspan="3">实践评价</td><td>实践准备</td><td>制订实践计划</td><td>小组成员分工明确，计划翔实，时间安排合理</td><td>10</td><td></td></tr>
<tr><td>实践过程</td><td>小组模拟商品流通过程，并记录讨论成果</td><td>小组成员扮演商品流通过程中各个角色，并将讨论成果在班级中展示</td><td>20</td><td></td></tr>
<tr><td>实践成果</td><td>撰写心得体会</td><td>心得体会内容深刻</td><td>10</td><td></td></tr>
<tr><td colspan="4">总分</td><td>100</td><td></td></tr>
</table>

项目三

识别传统商业经营模式

项目导读

传统的商业经营模式有哪些？生活中常见的零售业态有哪些？主要的批发交易组织有哪些？

本项目主要从零售商业、零售业态、批发商业和批发交易组织4个方面介绍传统的商业经营模式，主要内容如图3-1所示。

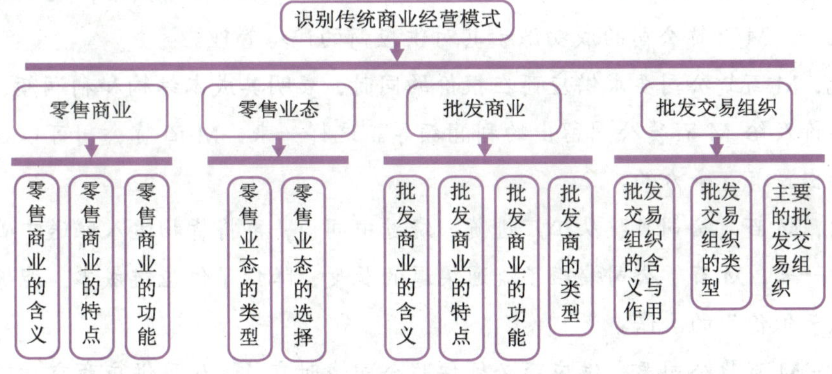

图3-1 知识框架图

学习目标

知识目标

（1）了解零售商业与批发商业的含义。

（2）熟悉常见的零售商业业态和批发交易组织的类型。

（3）掌握每种零售业态的优缺点和主要销售的商品种类。

（4）掌握零售商业业态选择的原则及影响因素。

（5）掌握3种主要批发交易组织的特点。

能力目标

（1）能够识别生活中常见的零售业态和批发交易组织。

（2）能够结合所学知识，分析某种商品在流通过程中批发商和零售商的类型及作用。

素养目标

（1）深刻理解中间商在商品流通各个环节中发挥的作用。

（2）体会传统商业经营模式的优势与劣势，探索其未来发展方向。

任务一 认识零售商业

任务导入

M 百货公司已成立 60 多年，在全球范围内拥有 5 000 多家门店，是全球最大的零售商之一。M 百货公司的成功源于其对供应商的严格管理。

首先，M 百货公司要求供应商在报价的同时，表明其成本结构和利润额、同类产品的零售价及给 M 百货公司留出的利润额等。这样一来，M 百货公司可以在众多供应商中选出最有竞争力的。

其次，M 百货公司直接从工厂进货，绕过中间商，再将货物运入配送中心统一管理。这样一来，M 百货公司缩短了流通渠道的长度，降低了供应链成本，能够更好地履行“天天低价”的承诺。

最后，M 百货公司要求供应商必须按照合同准时交货。如果供应商交货延误导致缺货，或者交货提前导致增加额外的仓储费用，则这些后果均由供应商承担。如此一来，M 百货公司不但有效地缩短了交货期，降低了库存成本和市场风险，而且很好地检验了供应商的能力和诚信。

（资料来源：徐小慧，《零售业供应链及采购成本管理研究》，《商业研究》，2014 年第 2 期）

思考：M 百货公司对供应商的管理，体现了零售商业的哪些功能？

零售是商品流通的最后一个环节，而零售商业是商业主体将商品直接出售给最终消费者的商业形式，其含义、特点和功能如下。

一、零售商业的含义

零售商业的含义主要包含以下几点。

第一，零售商业属于商业范畴，具有商业运行的一般特点，如为卖而买、先买后卖、贱买贵卖、连续买卖等。

第二，零售商业的服务对象是最终消费者。最终消费者可以是个人，也可以是集体。例如，企事业单位购买生活消费品为员工发放福利，则企事业单位是最终消费者。

第三，从事零售商业活动的主体被称为零售经营者，包括零售商、生产厂商、批发商、代理商等。其中，零售商是主要的零售经营者。

第四，零售经营者销售的商品一般限于生活消费品及相关服务，不包括生产资料。

第五，零售经营者销售商品的同时，还提供相关的服务，如安装、调试、修理等。这些服务与商品一起，构成零售商业的销售对象，被提供给最终消费者。

二、零售商业的特点

零售商业有自身鲜明的特点，主要表现在以下几个方面。

（一）交易频率较高，交易额较小

零售商以服务个人消费者为主。个人消费者购买商品的目的是满足生活消费的需要，所以其消费频率高，但每次购买的商品数量较少，因此零售商平均每笔交易额较小。

（二）业态多样

激烈的市场竞争和多变的消费需求催生了多样的零售业态，百货店、超市、便利店、仓储会员店等层出不穷。

一方面，在零售市场上，不同业态之间和同一业态内部都存在激烈的竞争；另一方面，消费需求是多层次的，每种零售业态都有其适应范围，每个零售商在经营中都有其市场定位。因此，任何一种零售业态都不可能独占整个零售市场，不同的零售业态可以各尽所长，相互补充。

（三）商圈较小

商圈是指实体零售店吸引消费者的区域范围。一般来说，零售商的商圈较小，以核心商圈为主要服务范围。

知识纵横

商圈结构

根据消费者所占的比例，商圈可以划分为3个层次：核心商圈、次级商圈与边缘商圈（见图3-2）。其中，核心商圈是最接近实体零售店的圈层，有55%～70%的消费者来自该商圈；次级商圈位于核心商圈之外、边缘商圈之内，有15%～25%的消费者来自该商圈；边缘商圈是最外围的圈层，零售商对该范围内消费者的吸引力较弱。

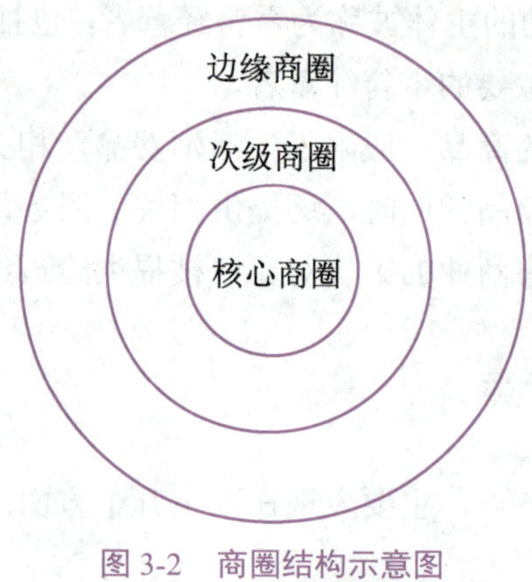

图3-2 商圈结构示意图

（四）广泛设置营业网点

为满足众多消费者的需求，方便消费者购买，零售商会广泛设置营业网点，从而取得竞争优势。这些营业网点通常设于城市繁华地段或居民区等消费者密集的地方。

（五）需要较多人力

零售商服务于众多最终消费者，因此需要大量从业人员。即便是消费者自助服务的零售业态，也需要较多人力。例如，超市一般由消费者自行选购商品，但是仍需要工作人员从事理货、结算、导购、监控等工作，才能保证超市正常运转。

（六）促销手段多样，有较强的诱导性

零售商的促销手段主要针对个人消费者。因为个人消费者的消费行为有时具有随意性、冲动性和情绪性，所以零售商的促销手段也更加多样，通常具有较强的诱导性。

三、零售商业的功能

零售商业的功能

零售商业是生产者与消费者之间的桥梁，生产与交换在时间、空间，商品数量、品种、价格等方面的矛盾最终要靠零售商业来解决。

具体来说，零售商业具有以下几个功能。

（一）代理采购

消费者的需求涉及衣、食、住、行等各个方面，所需商品种类繁多，购买频率高，但购买数量不多，不可能直接从生产者或批发商那里购买。零售商充当了消费者的采购代理，从生产者、批发商那里大量购入商品，将其分类、组合，以便消费者选购。

（二）代理销售

生产者从事直销或者批发商兼营零售的情形虽然存在，但并不占据主流地位。大部分生产者与批发商还是要借助零售商完成商品流通的最终环节，因为由零售商来销售可以降低流通成本。在这种情况下，零售商充当了生产者与批发商的销售代理。

（三）稳定价格

供给方从成本角度出发制定商品价格，需求方则从效用角度出发考虑商品价格，加上竞争因素的影响，使得商品价格极易变动，不利于扩大商品销售。为此，零售商大多采取固定价格，自主承担价格变动的风险，使商品价格保持相对稳定，以取得消费者的信赖。

（四）物流与服务

零售商业的物流功能主要表现在商品的储存和保管上。零售商通过储存、保管种类繁多的商品，可以较好地解决供求双方在生产时间和购买时间上的矛盾。

例如，有些商品具有全年生产、季节性消费的特点，如雨衣、雨伞等；有些商品具有季节性生产、全年消费的特点，如粮食、冰箱等。对于前者，零售商往往适当备货，并提倡反季节购买，以价格、服务等手段刺激消费者购买；对于后者，零售商则常备存货，随时满足消费需求。

零售商业的服务功能既体现在商品交易过程中订货、送货、包装、安装、退货、修理等环节，还体现在为消费者提供消费信用、引导消费需求、优化购物环境等方面。例如，某零售店支持分期付款，消费者在该店购买笔记本电脑时，支付第一笔货款即可获得现货，余款可以在一定期限内分次结清。

思考与讨论

除上述服务功能外，零售商业的服务功能还体现在哪些方面？

（五）传递信息

零售商直接面对最终消费者，能够掌握消费需求。零售商将这些信息反馈给生产者和批发商，可促使其调整生产结构与经营结构，提供适销对路的商品，适应消费需求的变化，更好地服务最终消费者。同时，零售商还以广告宣传、商品陈列、购物指导、商品咨询等方式将商品信息传递给最终消费者，引导消费需求，指导消费者科学消费。

以小组为单位，采访零售企业的经营者，了解他们的工作内容，结合实际情况，具体分析零售商业的功能，并将采访内容整理成访谈记录。

任务考核

一、单选题

1．下列关于零售商业的说法中，错误的是（　　）。

A．零售经营者只有零售商

B．零售商的商圈较小，以核心商圈为主要服务范围

C．零售商业需要较多人力

D．零售业态多样，每种零售业态都有其适应范围

2．零售商以服务个人消费者为主。个人消费者购买商品的目的是满足生活消费的需要，所以其消费频率（　　），平均每笔交易额（　　）。

A．低　小　　　　B．高　大

C．高　小　　　　D．低　大

3．零售商通常采取固定价格，自主承担价格变动的风险，体现了零售商业（　　）的功能。

A．代理采购　　　　B．代理销售

C．稳定价格　　　　D．传递信息

二、多选题

1．零售商业能以（　　）方式将商品信息传递给最终消费者。

A．广告宣传　　　　B．商品陈列

C．购物指导　　　　D．商品咨询

2．下列关于零售商业物流功能的说法中，正确的是（　　）。

A．零售商通过储存、保管种类繁多的商品，可以较好地解决供求双方在生产时间和购买时间上的矛盾

B．零售商业的物流功能体现在为消费者提供消费信用、引导消费需求、优化购物环境等方面

C. 对于季节性生产、全年消费的商品，零售商应常备存货，随时满足消费需求

D. 零售商将消费需求反馈给生产者和批发商，促使其调整生产结构和经营结构，更好地服务最终消费者

三、简答题

1. 简述零售商业的特点。
2. 简述零售商业的功能。

任务二　识别零售商业的业态类型

任务导入

从1998年到2023年，Y家居企业在中国发展25年，门店从1家扩张到37家。如今，逛“Y家”已经变成许多年轻人家居生活中不可缺少的一部分。

Y家居企业的产品之所以受到众多年轻人的青睐，是因为它在研发、设计等环节注重个性化、美观和对成本的把控。例如，Y家居企业的明星产品“法格里克”马克杯，它的杯口宽，杯底很窄，杯身带有圆环式把手，可以更加紧凑地摆放，既美观又节约空间，还能降低制作成本。

Y家居企业的门店非常注重消费者体验。门店在设计动线和布局时，以居家生活空间动线为基础，将客厅家具区、餐厅家具区、厨房家具区等串联起来。沿途各种商品琳琅满目，各种主题设计让人目不暇接。消费者可以自主探索并体验产品，甚至可以随便躺在床上、沙发上。逛累了，消费者可以到门店内的餐厅吃一顿美味的午餐或晚餐。Y家居门店不再是简单的家具店，而是集家居、餐饮、社交等功能于一体的休闲场所。

（资料来源：林怡帆，《为什么“逛Y家”成为一代人的生活方式》，网易网，2023年5月1日）

思考：Y家居企业属于哪种零售业态？为什么Y家居企业的产品会受到众多年轻人的青睐？

一、零售业态的类型

零售业态的类型多种多样，常见的分类方法如下。

（一）根据有无固定营业场所分类

现行的《零售业态分类》（GB/T 18106-2021），根据有无固定营业场所，零售业态可分为有店铺零售和无店铺零售两大类。有店铺零售业态分类和基本特点详见附录 1，无店铺零售业态分类和基本特点详见附录 2。

1. 有店铺零售

有店铺零售是指有商品陈列、展示和销售的固定场所和设施，并且消费者的购买行为主要在这一场所内完成的经营形态。根据店铺的经营方式、商品结构、服务功能等的不同，有店铺零售可分为便利店、超市、折扣店、仓储会员店、百货店、购物中心、专业店、品牌专卖店、集合店、无人值守商店等 10 种零售业态。

零售商业的业态——便利店

1）便利店

便利店（见图 3-3）是指以销售即食商品为主，满足顾客的即时性、服务性、便利性需求的小型综合零售形式的经营业态。常见的便利店主要有以下 4 种。

图 3-3　便利店

第一，社区型便利店。这类便利店位于社区周边，客流稳定，主要消费者为社区内常住人员。

第二，客流配套型便利店。这类便利店位于火车站、公交站、地铁站、码头等公共交通枢纽，以及景点、商业中心、医院、高校等人流较为密集的区域，主要消费者为上班族、出行人群及其他特定人群。

第三，商务型便利店。这类便利店位于写字楼集中的区域，主要消费者为高收入的商务人士。

第四，加油站型便利店。这类便利店依托于加油站，主要消费者为司乘人员。

博学慎思

S公司在全球18个国家拥有约80 000个门店，是全球最大的便利店连锁企业之一。多年来，S公司始终坚持商务型便利店的定位，不和大商场比库存、拼折扣，而是采取严控库存、小批量进货、单品管理等措施。

在响应顾客需求方面，S公司要求旗下的便利店全年无休，因而深受大众尤其是年轻人的欢迎。在保证服务品质方面，S公司的员工需要遵循产品备货齐全、保持产品鲜度、店内舒适整洁等原则，为顾客提供优质服务。同时，为了满足顾客对于速食的需求，S公司成立了自己的产品研发团队，研发了价格亲民、品种丰富的速食产品。

思考： S公司取得成功的因素有哪些？

2）超市

超市是指以销售食品、日用品为主，满足消费者日常生活需要的零售业态。

根据营业面积大小，超市可以分为大型超市、中型超市和小型超市。

大型超市的营业面积大于或等于6 000 m^2，商品种类丰富，能满足消费者一站式购物需求，一般位于市、区商业中心或城乡接合部、交通要道及大型居民区。

中型超市的营业面积为2 000 m^2～5 999 m^2，商品种类较多，能满足消费者日常生活所需，一般位于市、区商业中心或居民区。

小型超市的营业面积为200 m^2～1 999 m^2，食品类商品品种较多，能满足消费者日常生活所需。

根据生鲜食品营业面积占比，超市可以分为生鲜食品超市（见图3-4a）和综合超市（见图3-4b）。

生鲜食品超市是指生鲜食品营业面积大于或等于总营业面积的1/3，能满足消费者日常生活需要的超市。其一般位于社区周边，或作为大型购物中心的配套业态。

综合超市是指经营的非食品单品数量占比较高，能满足消费者一站式购物需求的超市，一般位于市、区级商业中心或居民区。

（a）生鲜食品超市

（b）综合超市

图3-4　超　市

3）折扣店

折扣店是指店铺面积较小，装修简单、提供有限服务、商品价格低廉的一种零售业态，通常经营不超过 2 000 种单品，自有品牌商品占比较高。折扣店一般位于居民区、交通要道等租金相对便宜的地区，辐射半径为 2 km 左右，目标消费者主要是商圈内的居民。

某生鲜品牌旗下的折扣店，主要销售自有品牌的临期商品、运输中产生轻微磕碰的商品，以及当日没有售罄的商品，折扣低至 3～5 折，广受顾客欢迎。

该折扣店与生鲜品牌的其他门店共用一套供应链。从空间距离、运输成本、品类甄选、成本核算等环节来看，该折扣店有着先天优势。

思考：上述例子说明折扣店最看重哪些环节？

4）仓储会员店

仓储会员店（见图 3-5）是指以会员为目标消费者，以提供基本服务、优惠价格和大包装商品为主要特征，实行储销一体、批零兼营的零售业态，如山姆、Costco 等。仓储会员店的盈利模式是通过优质低价的商品吸引消费者来赚取会员费。仓储会员店一般位于城乡接合部的交通要道上，辐射半径超过 5 km，目标消费者以中小零售店、餐饮店、流动顾客为主。

图 3-5　仓储会员店

仓储会员店模式起源于美国。早在 1996 年，我国就曾兴起过仓储会员店热潮。当时，首家仓储会员店落户深圳，开业前 3 天，就创造深圳当时的零售店营业额纪录。

不过，这阵热潮并没有持续多久，消费者并不习惯这种需要付费才能进门的超市，因此，该仓储会员店后来倒闭了。

如今，付费会员制逐渐被大众接受。消费者越来越成熟，消费需求也更加多元化。仓储会员店可以筛选出高品质、高性价比的商品，更好地满足消费需求，因此其成为备受消费者青睐的零售业态。

思考：仓储会员店在中国的发展历程说明了什么？

5）百货店

百货店是指以经营品牌服装、化妆品、家居用品、箱包、鞋品、珠宝、钟表等为主，统一经营，满足消费者对品质商品的多样化需求的零售业态。百货店一般位于市、区级商业中心，目标消费者主要是追求时尚和品质的人群。

百货店曾经是我国最重要的零售业态，但随着消费需求的多样化发展，多种零售业态出现，百货店失去了传统的强势地位，市场份额不断下降。

知识纵横

中国百货店的发展历程

中华人民共和国成立初期，在当时的计划经济体制下，国家对批发和零售业采取高度集中的管理，百货店作为供应商品的一种辅助业态，经营着国家定量供应以外的商品，商品品种有限且数量较少。当时，全国除了少数几个大中城市，每个小城市基本只有一家百货店，百货店也几乎是人们购买商品的唯一渠道。

20 世纪 80 年代中后期，中国逐步由计划经济向市场经济过渡，人们的购买力和消费需求不断增加，百货店也进入了快速发展阶段。当时的百货店能够基本满足居民日常生活的需要，经营的商品包括食品、布料、家用电器、交通工具等。

20 世纪初期，超市等零售业态的出现，促使传统百货店向现代百货店转型。现代百货店摒弃了与其他业态重叠的购物功能，逐渐退出家电、家具等大型商品及低档日用品经营领域，而以销售中高端品牌服饰、鞋类、化妆品为主。

如今，百货店受到电商的强烈冲击，需要再次转型以应对当前困境。

6）购物中心

购物中心（见图 3-6）是指由不同类型的餐饮、休闲娱乐及提供其他服务的商铺按照统一规划，在一个相对固定的建筑空间或区域内，统一运营的商业集合体。常见的购物中心有以下几类。

图 3-6 购物中心

第一，都市型购物中心。这类购物中心以满足消费者的中高端购物需求为目标，提供餐饮、休闲娱乐、商务社交等多元化服务。其一般位于市、区级商业中心，辐射范围覆盖甚至超出所在城市。

第二，区域型购物中心。这类购物中心以满足不同收入水平消费者的一站式消费需求为目标，提供餐饮、休闲服务。其一般位于城市新区和城乡接合部的商业中心，通常紧邻交通主干道，辐射半径为 5 km 以上。

第三，社区型购物中心。这类购物中心以满足周边居民日常生活所需为目标，配备必要的餐饮和休闲娱乐设施。一般位于居民区的主干道旁。

第四，奥特莱斯型购物中心。这类购物中心以品牌生产商或经销商开设的零售商店为主体，以销售打折商品为特色。一般位于远离市中心的交通主干道旁，或在旅游景区附近。

博学慎思

奥特莱斯的英文是“outlets”，意思是出口、出路。在零售商业中，奥特莱斯专指由销售名牌过季、下架、断码商品的商店所组成的购物中心。奥特莱斯这种集休闲、娱乐、购物等功能于一体的零售业态一进入中国，就呈现爆发式增长态势。

与其他购物中心相比，奥特莱斯最与众不同的地方在于它是一种“以商代旅”的零售业态。例如，南宁的奥特莱斯展现了扬美古镇的风土人情。在建筑方面，设计师融入了中式古建筑元素，充分展示古镇的风情；在餐饮方面，这里供应广西特色风味小吃、粤菜等美食，体现当地的饮食文化。以城市为支点，将商业和旅游融合，这是奥特莱斯的魅力所在。

思考：奥特莱斯模式为什么能够在中国迅速发展？

7）专业店

专业店是指专门经营某一大类商品的零售业态。专业店的最大特点是要求销售人员具有一定的专业知识。

常见的专业店有以下几类：第一，销售多花色、多品种的商品的专业店，如花卉店、服装店、床上用品店等。第二，销售多种规格和型号的商品的专业店，如五金店、钟表店、眼镜店等。第三，生活用品专业店，如粮油店、水果店等。第四，销售特种商品或贵重商品的专业店，如珠宝首饰店、工艺品店等。第五，耐用品专业店，如家用电器店、家具店等。第六，文教用品店，如文具店、办公用品店等。第七，经营特定消费对象所需商品的专业店，如儿童用品店、老年用品店等。

思考与讨论

现实生活中，除上述专业店外，还有哪些常见的专业店？

8）品牌专卖店

品牌专卖店是指经营某一品牌商品的零售业态。品牌专卖店以销售数量有限、质优、高毛利率的产品为主，目标消费者为中高收入人群和追求时尚的年轻人。

品牌专卖店是在改革开放之后才进入我国的。1984 年 8 月，皮尔卡丹专卖店在北京开业，拉开了品牌专卖店发展的序幕。此后，品牌专卖店在我国迅速发展，主要原因有以下几点：第一，国内外优质品牌涌现，吸引了一定数量的忠实消费者。第二，随着居民收入的增长，消费者的品牌意识不断加强。第三，制造商通过开设专卖店来树立品牌和控制渠道。

知识纵横

旗舰店

旗舰店是指某一品牌在某城市的品牌形象展示店。它是一种特殊的品牌专卖店，一般面积较大，装修比较豪华，商品品种齐全。

一般的品牌专卖店以提高销售额为最终目标。例如，某奶茶店通过与热门游戏或动漫联名，刺激消费者消费，促进销售额增长。又如，某花店升级为花艺生活馆，吸引消费者在店内停留更长时间，从而提高销售额。而旗舰店不以卖产品为最终目标，而是专注于提升自身的品牌价值，扩大品牌文化的影响，进而提升品牌在消费者心中的地位。

9）集合店

集合店是指汇集多个品牌及多个系列的商品的零售业态，可涵盖服饰、文具、电子产品、食品等多个品类。集合店一般位于商业街、百货店、购物中心内，目标消费者为品牌特定人群。集合店不仅出售商品，而且传达与品牌相契合的生活理念，以提升品牌价值。

博学慎思

TOP TOY 是名创优品旗下的一个新品牌，以 10～40 岁的潮玩爱好者为目标消费者，产品覆盖盲盒、手办、拼装模型、积木等潮流玩具。TOP TOY 将“讲述中国故事，传承中华文化”作为其主打战略，与中国航天、中国文物交流中心合作，为追求个性的年轻人构筑更加多元的潮玩消费领域和潮玩文化部落。

以上海迪士尼小镇的 TOP TOY 新店为例，店内装饰以齿轮等机械元素为主，以“潮玩机械工厂”的概念展示潮流玩具、积木、盲盒等产品，为年轻人提供“逛、玩、购”沉浸式体验。

思考：你还能举出哪些集合店的例子？

10）无人值守商店

无人值守商店是指在营业现场无人工服务的情况下，消费者自助购买商品的零售业态。无人值守商店一般位于社区内、办公楼周边、购物中心内等区域，目标消费者为周边居民和追求方便、快捷的购物体验的顾客。

经过多年探索，无人值守商店已经实现智能化模式，顾客只需要在进店时扫描手掌，就可以挑选商品，然后“拿了就走”。几分钟之后，顾客的手机上就会收到购物账单。

要想实现这种非比寻常的购物体验，商家需要用足够的硬件（包括摄像头、动作探测器、红外相机）来捕捉顾客行为，还需要运用算法，将顾客购买的商品加入虚拟购物车。在此过程中，软硬件协同帮助商家提升顾客的购物体验。或许在不久的将来，人们不需要现金、手机，甚至不需要网络就可以购物。

思考：无人值守商店相较于其他零售业态具有哪些优势？

2. 无店铺零售

无店铺零售是指商家通过互联网、电视、广播、电话等媒介，邮寄、直销等手段，以及智能货柜、流动售货车等设备将自营或合作经营的商品送达消费者手中的经营活动。

1）网络零售

网络零售是指通过电子商务平台、物联网设备等开展商品零售活动的业态。目标消费者是追求便捷、省时、省力的人群。

根据经营模式的不同，网络零售可分为网络自营零售和网络平台零售。

网络自营零售是指商品经营者利用自有网络平台，自主经营、销售商品的零售模式，例如，京东的大部分零售业务属于自营零售模式。

网络平台零售是指电子商务平台通过为商品经营者提供网络经营场所，以及商品浏览、订单生成、在线支付等相关服务，助其完成商品交易的零售模式。例如，淘宝的零售业务属于平台零售模式。

以小组为单位，搜集关于网络零售的资料，了解网络自营零售和网络平台零售的盈利模式，并模拟零售活动。

2）电视或广播零售

电视或广播零售是指以电视、广播作为商品展示和推介的媒介，提供使用方法、效果等推介内容并取得订单的零售业态。目标消费者以电视观众、收音机听众为主。

电视或广播零售相较于网络零售，具有一定的权威性。例如，中视购物就是中央广播电视总台的直属机构，定位为诚信的家庭购物平台，商品经营者通过中视购物平台零售，可以提高商品品牌的影响力。

3）邮寄零售

邮寄零售是指以邮寄商品目录为主，向消费者展示和推介商品，并通过邮寄等方式将消费者订购的商品送达其手中的零售业态。目标消费者主要是商品目录或报纸、杂志的阅读者。

邮寄零售商先向目标顾客宣传产品，然后顾客打电话或者写信订购，最后邮寄零售商再根据顾客的订单邮寄商品。邮寄零售的优点是能够在短时间内将产品信息传递给目标消费者，帮助零售商迅速开拓市场；缺点是确定目标消费者的难度较大，商品宣传成本较高。

思考与讨论

哪些商品适合邮寄零售？

4）无人售货设备零售

无人售货设备零售是指通过智能货柜、贴有支付码的货架等无人售货设备售卖商品的零售业态。无人售货设备主要出售体积小、重量轻、价值小的方便用品，如报纸、饮料、熟食、化妆品等。目标消费者主要是地铁站、商业区的流动顾客和办公区的某些固定顾客。

无人售货设备零售的优点是全天候服务，灵活方便；缺点是无人售货设备容易被损坏，失窃率高，退货不便，补充存货的费用高。

博学慎思

友宝在线是中国第一大无人零售运营商，其主营业务是通过自动售货机贩卖商品，也被称作“智慧零售业务”。

但事实上，这门生意并不像听上去那么“智慧”。自动售货机只能省略收银等简单环节，而补货仍依赖大量人力，并且为了保障其 24 小时随时可用，还需要支付机器的运维成本，这导致友宝在线的利润率很低。

众所周知，客流量决定了自动售货机的销量。由于各大饮料巨头也开始纷纷在人流密集区域布局智慧零售业务，友宝在线面临着成本和扩张的双重压力。

思考：这个例子体现了无人售货设备零售的哪些弊端？

5）直销

直销是指在固定营业场所之外，直销员直接向消费者推销产品的零售业态。直销的商品一般是化妆品、保健品、家用产品等，产品范围比较有限。直销产品的特性不同，其目标消费者也不同。

直销的优点是消费者可以直接购买商品，企业不需要投资设店就可以销售商品，初始投入较少；缺点是消费者不能广泛地比较同类产品，企业培训直销员也需要支付较高的费用。

6）电话零售

电话零售是指通过电话完成销售的零售业态。电话零售的商品和服务包括保险、化妆品、保健品、汽车等。由于商品和服务的特性不同，电话销售的目标消费者不同。

电话零售的优点是成本较低，节省时间；缺点是交易成功率较低。

7）流动货摊零售

流动货摊零售是指通过流动售货车来展示、陈列、销售日常消费品的零售业态。流动货摊零售的商品主要有水果、蔬菜、服装及其他日用品。

流动货摊零售的优点是灵活方便，经营成本低，商品价格低；缺点是混乱无序，影响市容市貌。

（二）根据管理系统分类

根据管理系统的不同，零售业态可以分为独立商店、连锁商店、租赁商品部等形式。

1. 独立商店

独立商店是指只拥有一家店铺的零售商店。独立商店一般为小型零售店，面积小，雇员少，大多由商家自主经营管理。这种商店在整个零售行业中的占比很高。

独立商店的优点是经营灵活，投资较少；缺点是规模小，资金有限，难以降低进货成本，不具备价格优势。总的来看，独立商店很难发展壮大。

2. 连锁商店

连锁商店是指开设总店和若干分店，这些店铺共同进货，共享规模效益的一种零售业态。

连锁商店由多家分店组成，总店拥有经营管理权，要求分店在经营的商品种类、定价，提供的服务，以及店面装潢、店堂布置等方面高度统一。总店一般负责商品的集中采购，分店负责商品销售。连锁商店发展迅猛，现已成为当今零售商业的主流。

知识纵横

连锁企业的优势

连锁经营的企业（即连锁企业）能够降低经营管理风险，享受规模经济带来的益处，具有较强的市场竞争力。

连锁企业能够有效降低经营管理风险。一方面，连锁企业采用标准化的作业流程生产、销售标准化的商品，有效降低其经营风险；另一方面，工作人员标准化的服务流程，使其无论被调任何处，都可以迅速展开工作，有效降低连锁企业的管理风险。

连锁企业集中采购、统一营销的方式，能够产生规模经济，使其以较低的成本和较少的资源实现经营效率和品牌知名度的提升。

此外，在市场竞争激烈的条件下，连锁企业通常会创造出独具特色的经营策略或运营系统，从而增加自身的市场竞争力。

3. 租赁商品部

租赁商品部（见图 3-7）是零售商将其店内的某部门或专柜出租，由承租者负责该部门或专柜的全部经营活动的零售业态。承租者会从营业额中抽取一定比例作为租金交给零售商，零售商为确保总体协调一致，会统一管理承租者，并对承租者提出各种要求。

图 3-7　租赁商品部

在大多数情况下，零售商采取租赁商品部的形式，是为了拓宽经营范围，纳入需要高度专业化技能或知识的产品或服务项目。最常见的租赁商品部有店内美容院、摄影店、眼镜店、化妆品店等。

租赁商品部的优点是可以降低零售商的财务风险，节约经营成本，扩大商品经营范围；缺点是商品和服务的质量与价格由承租者决定，可能会影响零售商的形象。

（三）根据零售商店聚合程度分类

根据零售商店聚合程度的不同，零售业态可以分为商业街和购物中心两种形式。

1．商业街

商业街（见图 3-8）是指同类或不同类的多家独立商店集合在同一地区所形成的零售集中区。

图 3-8　商业街

商业街的特点如下：第一，商业街多建在人流量大、消费者集中的城市中心或城郊的交通便利之处。第二，商业街的商店众多，商品齐全，消费者的选择空间大。第三，商业街是一个城市的标志之一，其知名度的高低对一个城市的发展有着重要的影响。因此，世界各地都非常重视商业街的建设与管理。

2．购物中心

购物中心的特点如下：第一，购物中心是由开发者开发的零售集中场所，并不是自然形成的。开发者将其作为一个整体来开发、经营和管理，因此，购物中心经营的绩效取决于开发者的计划性。第二，消费者在购物中心不仅可以购物，还能享受服务。购物中心一般设有理发店、美容店、洗衣店、影院、儿童游乐场等服务设施。第三，购物中心通常具有多家核心商店（在全国或地区范围内有一定知名度的商店）。

知识纵横

零售商业的业态革命

零售商业是一个古老而常青的产业。从最初的沿街叫卖，到今天的无店铺零售，其间发生了无数次大大小小的变化。历史上，零售商业曾经出现过 3 次革命，以百货店、连锁商店、超市的出现为标志。关于零售商业的第四次革命，比较有影响力的观点有两种，一种以购物中心的出现为标志，另一种以无店铺零售的快速发展为标志，本书采用第二种观点。零售商业的业态革命历程如图 3-9 所示。

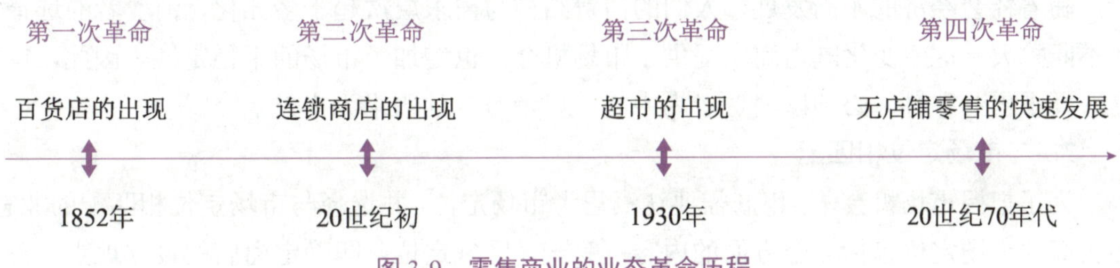

图 3-9　零售商业的业态革命历程

（一）零售商业的第一次革命——百货店的出现

百货店兴起之前，零售商业经营以杂货店、初级专业店为主，经营商品品种有限，专业化程度低，服务水平参差不齐。

1852 年，法国人阿里斯蒂德·布西科在巴黎创办了世界上第一家百货店。这家商店开业成功后，在随后的几年中，巴黎又涌现了一批百货店，如卢浮百货店（1855 年创办）、春天百货店（1865 年创办）等。百货店的崛起，适应了商品流通的客观趋势，因此称其为零售商业的第一次革命。

（二）零售商业的第二次革命——连锁商店的出现

20 世纪初，连锁经营企业因实行专业化分工、标准化管理，极大地降低了企业的成本，提高了企业的经营管理水平，所以，连锁经营模式在零售领域得到广泛应用。

现代意义上的连锁商店创办于 1859 年的美国纽约。20 世纪 20 年代之后，连锁商店已经取得了优势地位，这就是零售商业的第二次革命。

（三）零售商业的第三次革命——超市的出现

超市出现于 1930 年的美国纽约，自出现后迅速发展。其经营范围大幅扩大，从食品品类扩展到清洁用品、化妆品、玩具、五金、家用器具等多种品类；经营模式不断创新，引入计算机信息处理技术和现代化经营管理手段。超市的出现，推动了商业经营管理的现代化，成为零售商业第三次革命的标志。

（四）零售商业的第四次革命——无店铺零售的快速发展

20 世纪 70 年代，信息技术革命改变了商家传递信息的方式，互联网逐渐成为主流媒介，对零售业产生了巨大的影响。信息技术打破了零售市场时空界限，消费者足不出户就可以轻松完成购物过程。无店铺零售，尤其是网络商店，开始快速发展。这意味着零售商业开始了第四次革命。

二、零售业态类型的选择

（一）零售业态类型的选择原则

1. 以消费者为中心

随着社会经济的不断发展，人们的消费结构与需求层次趋于多元化，消费者的选择空间不断扩大。这些变化既为商家提供了市场机会，也增加了市场的不稳定性。因此，零售商选择零售业态时，必须以消费者为中心，以消费者的需求为出发点。

2. 与市场定位相匹配

为了把握市场机会，零售商需要认真思考市场定位，并选择与市场定位相匹配的业态。零售商的市场定位包括4个方面的内容：第一，区域定位，即确定商店的设立地点，确保取得区位优势。第二，规模定位，即确定商店经营规模，以取得规模效益。第三，商品定位和服务对象定位，即选择商品档次和种类，确定目标消费者。第四，业态定位，即选择组织形式与经营方式，要求与目标市场的需求相适应。

（二）影响零售业态类型选择的因素

1. 商品

在选择零售业态时，零售商必须考虑到商品本身的特点。例如，服装的花色、品种繁多，目标消费者的需求多样，因此，服装零售商适合开专业店或折扣店，不适宜开超市或仓储会员店。

思考与讨论

假设你打算在市中心开一家母婴用品店，应该选择何种零售业态？

2. 区域及地段

零售店所在区域及地段直接影响其覆盖范围和业态。具体来说，零售商应考虑以下几个方面：第一，区域内的人口数量、结构及发展趋势。第二，区域内居民的购买力、已有零售店的经营状况。第三，区域内劳动力市场情况。第四，区域内工商行政管理情况。第五，该地段经营同类商品的零售店数量。例如，从零售商的角度看，经营同类商品的零售店越多，距离越近，竞争就越激烈，零售商应避免聚在一起开店。但从消费者的角度来看，同类零售店集中形成商店群，选择空间更大，购买成功率更高。因此，在考虑区域及地段时，零售商要综合利弊，做出选择。

3．规模和成本

营业面积的大小和雇员的多少，直接影响零售店的规模以及零售店的经营成本。规模的大小和成本的高低对零售业态的选择有非常重要的影响。规模小但能承受较高的成本，可以选择品牌专卖店、集合店等零售业态；规模大但不能承受较高的成本，可以选择仓储会员店、超市等零售业态；规模小且不能承受较高的成本，可以选择便利店、折扣店等零售业态；规模大且能够承受较高成本，可以选择购物中心、百货店等零售业态。

4．其他

其他因素主要包括价格策略、销售方式等，这些都会影响零售商对业态的选择。例如，零售商的价格策略为低价策略，其可以选择折扣店、仓储会员店等零售业态；零售商的销售方式为消费者自助服务，其可以选择超市等零售业态。

任务考核

一、单选题

1．（　　）便利店位于火车站、公交站等公共交通枢纽，主要消费者为上班族、出行人群及其他特定人群。

A．社区型　　B．客流配套型

C．商务型　　D．加油站型

2．下列零售商业的业态，属于有店铺零售的是（　　）。

A．网络零售　　B．无人售货设备零售

C．电视或广播零售　　D．无人值守商店

3．（　　）是零售商将其店内的某部门或专柜出租，由承租者负责该部门或专柜的全部经营活动的零售业态。

A．独立商店　　B．连锁商店

C．购物中心　　D．租赁商品部

4．位于远离市中心的交通主干道旁，或旅游景区附近的购物中心是（　　）。

A．都市型购物中心　　B．区域型购物中心

C．奥特莱斯型购物中心　　D．社区型购物中心

二、多选题

1．品牌专卖店在我国迅速发展，主要原因有（　　）。

A．国内外优质品牌涌现，吸引了一定数量的忠实消费者

B．随着居民收入的增长，消费者的品牌意识不断加强

C．制造商通过开设专卖店来树立品牌和控制渠道

D．品牌专卖店不要求销售人员具有一定的专业知识

2．下列零售业态中，目标消费者为追求品牌的顾客的是（　　）。

A．便利店　　B．品牌专卖店

C．集合店　　D．超市

3．选择零售业态类型的原则是（　　）。

A．以消费者为中心　　B．以生产者为中心

C．以营利为中心　　D．与市场定位相匹配

三、简答题

1．简述零售业态类型的选择原则。

2．简述影响零售业态选择的因素。

任务三　认识批发商业

任务导入

西安的康复路批发市场是起步较早的综合性商贸街区，位于此处的西北商贸中心是西北地区最大、最具影响力的服装中转站和集散地。

“这几年，随着西安其他商圈的崛起、电商的普及和年轻人群消费习惯的改变，传统批发市场的竞争力大不如前，改变迫在眉睫。”西北商贸中心负责人说，多年来，他们一直在探索转型之路。

在与相关部门积极沟通后，辖区内的50余家商贸企业和10余家外贸企业成立了康复路小商品贸易协会。协会成员分头行动，有的对接相关部门及行业协会了解政策，有的前往浙江海宁、义乌等城市学习和考察，还有的奔赴哈萨克斯坦阿拉木图市做市场调研。

2023年9月21日，首批运往中亚国家的货物从西北商贸中心发出。这批货物包含羽绒服、帽子、皮包、眼镜、玩具等，价值100余万元。这是康复路小商品贸易协会成立后促成的第一笔外贸交易，也是老牌批发市场转型的第一步。

（资料来源：南江远，《老牌批发市场借丝路东风“出海”贸易》，《西安日报》2023年10月17日）

思考：康复路小商品贸易协会是如何促成第一笔外贸交易的？

一、批发商业的含义

批发是指零售以外的商品流通环节。与零售相比，批发的历史要短得多，它是在商品经济发展到一定程度之后才出现的交换形式。而批发商业是批发发展到一定程度之后才产生的一种商业形式。

知识纵横

批发与零售的区别

商品流通就是商品从生产到流通再到消费的过程，一般都先经过批发领域，然后经过零售领域，再进入消费领域。批发与零售的主要区别在于：第一，批发不涉及最终消费者，而零售则是针对最终消费者的交换活动。第二，批发是为了满足生产消费需要或商品再流转需要而存在的，而零售则是为了满足人们的生活消费需要。

批发与零售的具体区别如表 3-1 所示。

表 3-1　批发与零售的具体区别

项目	批发	零售
交易对象	批发商、代理商	消费者
购销关系	相对固定，变化较小	不固定，变化较大
商圈和辐射范围	大	小
促销活动	少	多

二、批发商业的特点

批发商业一般具有以下特点。

（一）交易金额较大，交易频率较低

批发商的平均每笔交易金额较大，交易频率较低。一是因为批发商的服务对象是再销售者，其交易额一般较大。二是因为批发商的经营范围比零售商广，除经营生活资料外，还经营生产资料，商品流转总额较高。

（二）商圈较大

批发商的商圈比零售商的商圈大得多。中小型批发商一般分布在中小城市，但其商圈会辐射到周边地区。大型批发商往往分布于全国性的大城市，其商圈可以覆盖整个国内市场。有些大型批发商还开展进出口业务，其商圈还可以突破国界。

（三）服务项目较少

批发商的营业场所往往设于租金低廉的地段，服务项目也不如零售商的服务项目那样齐全。绝大多数批发商只提供有限服务，包括储运、融资等相关服务。

（四）需要较多资本

批发商业具有投资量大、容纳劳动力少、资金周转较慢等特点。对于批发商而言，资本较劳动更为重要，资本往往是决定批发商经营成败的关键。

（五）投机性较强

大部分批发商依靠信用，多次连续买卖、低买高卖，有利于调节供求关系。个别批发商为了逐利买空卖空、囤积居奇，加剧了供求的不平衡，甚至编造虚假的供求关系。这种投机行为往往会干扰正常的经济运行秩序，造成社会财富的巨大浪费。

以小组为单位，搜集批发商囤积居奇、哄抬物价的新闻案例。

三、批发商业的功能

批发商业的功能

批发商业的功能主要体现在以下几个方面。

（一）集散商品

生产者出于规模效益的考虑，一般只大批量生产几种产品。而零售商作为消费者的采购代理，希望小批量、多品种地供货。这样既减少资金占用，又能更好地满足消费需求。批发商业的首要功能是解决上述矛盾。

批发商凭借雄厚的资金实力，从生产者等供给者那里大批进货，然后批发给零售商等需求者，从而满足供求双方在品种和数量上的要求，保证商品流通顺畅。

（二）保管、运输、整理商品

有些商品的供给地区与需求地区相距较远。批发商提供保管与运输服务解决了供给方与需求方在交换时间和空间上的矛盾，保障商品流通的顺利进行。

有些商品不符合需求者的要求。批发商提供分级、加工、包装等服务，能解决需求者的后顾之忧，既节省了商品流通费用，又提高了流通效率。

（三）传递信息

在商品流通过程中，批发商是各类信息交汇的枢纽。批发商不仅利用各类信息为自身的经营与管理服务，而且还将收集与整理的信息反馈给有关各方，实现社会资源的优化配置。批发商向供给方提供市场需求的变化、购买力的投向、同行业竞争者的动向等方面的信息；向需求方提供商品产量的变化、技术创新、成本变动等方面的信息。

（四）融通资金

批发商业集中体现了商业的融资功能。

对于生产者而言，批发商不仅在商品进入最终消费环节之前垫付了资金，而且还可以提供预付货款等信用服务，加快了资金周转速度，提高了资金使用效率。

对于零售商而言，批发商作为采购代理，可以提供赊销、延期付款等商业信用，有利于缓解零售商的资金困难，保证其经营活动的正常开展。

（五）承担风险

在商品从生产领域向消费领域转移的过程中，存在许多流通风险，如商品实体的损失（包括腐败、变质、破损、受潮、毁弃等）、商品所有权的丧失（包括所有权人被盗、被骗等）、经营方面的风险（包括商品跌价、过时、积压等）。

批发商承担了绝大部分流通风险，并通过风险管理活动（如保险、期货等）防范和转移了相当一部分风险，将风险损失控制在较小的范围内。这样既减少了社会财富的损失，又为生产者、零售商提供了支持。

珠海格力电器股份有限公司（以下简称“格力电器”）一直是中国制造业的明珠，多年来业绩持续领先，其营业收入绝大部分来自空调业务。在我国，大部分地区夏季炎热、潮湿，冬季寒冷、干燥。这意味着空调需求一年有两次高峰，存在明显的季节性和波动性。

格力电器选择在全年保持平稳生产，使淡季生产出来的空调成为存货。因为格力的空调好卖，总是供不应求，所以批发商愿意提前打款，以预订一定数量的空调。一方面，格力电器拿到预收款项可以用来组织生产，降低了资金使用成本；另一方面，格力电器采用预售模式，提前锁定了利润，不用担心生产出来的空调滞销。下游的批发商虽然增加了库存成本，但是获得了订货权和价格优惠。双方都有利可图，这种合作关系更加长久。

思考：这个例子体现了批发商业的哪些功能？

四、批发商的类型

按照不同的标准，批发商可以分为不同的类型。

（一）根据经营主体分类

根据经营主体的不同，批发商可以分为商人批发商、制造业批发商、合作批发商、批兼零批发商和连锁批发商。

1．商人批发商

商人批发商又称“独立批发商”，是指不依附于其他经济主体，专门从事批发业务的批发商。一般采取批发商业公司的组织形式，是批发商业体系中的主导力量。

商人批发商拥有自己的资金与渠道，自主经营，独立核算，从生产者或者上游批发商那里购进商品，然后再销售给下游批发商或零售商。

2．制造批发商

制造批发商是指从事批发业务的生产企业的销售机构。例如，我国商品流通领域的工业自销就属于生产企业从事批发的经营形式。

3．合作批发商

合作批发商是指为了与百货店、连锁店等大型零售商抗衡，共同开展批发业务的中小零售商组织。合作批发商的目的是利用大量采购的模式争取优惠价格，节约流通成本，从而降低经营成本，提高竞争力。

4．批兼零批发商

批兼零批发商是指以批发业务为主，同时兼营零售业务的批发商。这是批发商在激烈竞争的市场条件下，为了提高经济效益而采取多元化经营策略的体现。

5．连锁批发商

连锁批发商是由多家批发商组成的连锁组织。这种组织利用大量采购、分散批发等有利条件，集结其下游的零售商，以对抗大型零售商。

（二）根据经营客体分类

根据经营客体的不同，批发商可以分为普通批发商与专业批发商。

1．普通批发商

普通批发商是指经营多种商品的商人批发商，一般多指综合批发商或百货批发商。这种批发商可以满足各种综合性零售商店的进货需求。随着综合性零售商店的衰落，普通批发商也逐渐减少。

2．专业批发商

专业批发商是指专门经营某一类商品的批发商，如食品批发商、服装批发商、医药批发商等。专业批发商通常掌握其所经营商品的性能、特征、用途等专业知识，以便于为零售商提供指导与服务。

（三）根据商品流通环节分类

根据商品流通环节的不同，批发商可以分为一次批发商、二次批发商和三次批发商。

1．一次批发商

一次批发商是指直接从生产者手中采购商品，然后再转售的批发商。根据所处地区的不同和承担职能的差异，一次批发商又可以分为产地批发商和集散地批发商。

产地批发商多设在某种商品的集中产地，可以随时集中商品并向外发售。集散地批发商多设在商品的集散中心，一般位于交通枢纽城市，以集中或分散商品为主要业务。

2．二次批发商

二次批发商是指从一次批发商那里购买商品，再售卖给三次批发商的批发商。二次批发商一般为中转地批发商。

3．三次批发商

三次批发商是指从二次批发商那里购买商品，再销售给零售商的批发商。三次批发商一般为销地批发商。

一般来说，随着流通环节的推移，批发商的影响力逐渐减小。一次批发商在人力、资金、设备、信息处理方面具有明显的优势，其在商品流通中发挥的作用最大，二次批发商的影响力次之，三次批发商的影响力最小。

思考与讨论

你能分别举出一次批发商、二次批发商和三次批发商的例子吗？

任务考核

一、单选题

1．下列关于批发商业特点的说法中，错误的是（　　）。

A．批发商的商圈可以覆盖整个国内市场，甚至突破国界

B．批发商的营业场所往往设于租金低廉的地段

C．批发商不提供服务

D．批发商业具有较强的投机性

2．批发商不仅在商品进入最终消费环节之前垫付了资金，而且还可以提供预付货款等信用服务，这体现了批发商业（　　）的功能。

A．集散商品　　　　B．传递信息

C．融通资金　　　　D．承担风险

3．关于批发和零售的区别，下列说法不正确的是（　　）。

A．批发交易不涉及最终消费者，零售则是针对最终消费者的交换活动

B．批发是为了满足人们的生活消费需要，零售则是为了满足生产消费需要

C．批发商业的商圈和辐射范围大，零售商业的商圈和辐射范围小

D．批发商业的购销关系相对固定，零售商业的购销关系不固定

二、多选题

1．批发商业的功能主要体现在（　　）。

A．集散商品　　B．保管、运输、整理商品

C．传递信息　　D．承担风险

2．根据经营主体的不同，批发商可以分为（　　）。

A．专业批发商　　B．合作批发商

C．商人批发商　　D．批兼零批发商

3．下列关于一次批发商的说法中，正确的是（　　）。

A．一次批发商直接从生产者手中采购商品

B．一次批发商的影响力最小

C．一次批发商一般为中转地批发商

D．一次批发商在人力、资金、设备、信息处理方面具有明显的优势

三、简答题

1．简述批发商业的功能。

2．简述根据商品流通环节分类的批发商类型。

任务四　识别批发交易组织的类型

任务导入

广东省东莞市大朗镇拥有超过 17 000 家毛纺织企业，毛纺织品市场年交易额达 600 亿元。这里几乎家家户户都有人从事毛纺织相关的工作，村民收入的 90%以上来自毛纺织产业。

这里有目前国内规模最大的毛纺织品贸易中心——大朗毛织贸易中心，其建筑面积为 12 万平方米，拥有 5 000 平方米的室内中庭、5 000 平方米的多功能会展大厅和

1 000 多个铺位。该贸易中心拥有一流的现代化高科技设施和舒适的购物环境，旁边还配套建设了建筑面积为 16 万平方米的物流中心，提供海陆空物流服务。

（资料来源：徐长杰，《广东大朗：毛织，与中国纺织业共成长》，《纺织服装周刊》，2020 年 11 月 9 日）

思考：大朗毛织贸易中心属于哪种类型的批发交易组织？

一、批发交易组织的含义与作用

（一）批发交易组织的含义

批发交易组织是指为批发交易提供场所和条件，并为商品流通服务的组织机构。这一含义包含以下几个方面的内容。

第一，批发交易组织是自治性的、非营利性的流通服务组织，一般由同业公会集资兴办、运营和管理。

第二，批发交易组织不是商业主体，不具有商业职能，不从事商品买卖，仅为批发交易双方提供服务。

第三，批发交易组织并不参与交易过程，而是为交易提供场所和条件，这里的条件包括商品展示、交易、结算、监督、风险控制等。

（二）批发交易组织的作用

批发交易组织是商品流通发展到一定阶段的产物，它与商品流通的组织化程度紧密联系。具体来说，批发交易组织具有以下几项作用。

1. 促进市场竞争

批发交易组织提供的交易场所与条件，能够吸引众多的买者与卖者，形成庞大的买方集团与卖方集团。这种大规模的、集中的交易能促进各方竞争，有利于形成公正的市场价格，引导社会资源的合理配置。

2. 规范交易行为

批发交易组织不是自发形成的，而是有着严密的组织结构与完善的运行规则的经济组织。它所提供的服务也是标准化的，对批发交易主体的经营资格、经营商品、竞争规划、交易程序等有着明确、具体的要求，这对反对特权与垄断、打击不正当竞争、限制场外交易具有重要意义。

3. 降低交易成本

批发交易组织提供的业务接洽、交易监督、风险管理等服务不仅可以大大降低交易的搜寻成本，而且还可以减少交易过程中的风险，增进交易双方的相互信任，保障合约顺利履行。

4. 促进商品生产

批发交易组织不仅扩大了商品流通的规模，提高了商品流通的效率，也为商品生产者开拓了广阔的市场前景。商品生产者由此可以获得最新的市场信息，及时掌握市场动态，结识众多客户，从而按市场需要组织和调整生产，不断提高生产的专业化、现代化水平。

二、批发交易组织的类型

随着批发交易的不断发展，批发交易组织也在不断发展，并且已基本形成了一个相对完整的批发交易组织体系。按照不同的分类标准，批发交易组织可以分成不同类型。

（一）根据经营者买卖的商品范围分类

根据经营者买卖的商品范围不同，批发交易组织可以分为专业性批发交易组织与综合性批发交易组织。

专业性批发交易组织是指仅限于为某一类或某一种商品的批发流通提供交易场所与条件的交易组织，如小百货批发市场、蔬菜批发市场。

综合性批发交易组织是指为多种商品的批发流通提供场所与条件的交易组织，如商品交易所。商品交易所交易的商品覆盖面广，种类繁多，包括农产品、金属产品、食品、布料等。

（二）根据地理位置分类

根据地理位置的不同，批发交易组织可以分为产地批发交易组织、销地批发交易组织、集散地批发交易组织。

产地批发交易组织的作用是集结产地的商品，并促进生产者与外地客商之间的物资交流。

销地批发交易组织的作用是吸引外来客商，促进其与本地的批发商、零售商之间的商品交流。

集散地批发交易组织的作用是利用当地在交通、历史传统、政策等方面的优势，促成集散性的商品交流。

思考与讨论

哪些地区容易形成产地批发交易组织？哪些地区容易形成销地批发交易组织？

商业观察

义乌：小商品，大市场

1982年9月5日，稠城镇湖清门小百货市场率先开放，义乌第一代小商品市场由此诞生。从第一代的马路市场到第六代的国际商贸城，义乌小商品批发市场已经成为我国最大的小商品出口基地，以及国际小商品的流通、研发、展示中心。

义乌小商品批发市场之所以能够创造奇迹，是因为其具有临近货源、产品丰富、价格低廉、人员与信息密集和物流成本低的优势。

临近货源的优势源于当地的实体产业基础。例如，针织袜业是义乌轻工业的龙头产业之一，曾孕育出浪莎、梦娜等全国知名品牌。正是因为拥有不少龙头产品和相关的生产厂家，义乌才具备了跻身商业重镇的资格。

产品丰富是义乌的核心优势。如今，义乌小商品批发市场几乎囊括了所有日用工业品，这些工业品绝大多数并不是本地生产的，而是源于全国各地。全国各地的批发商将异地生产的产品源源不断地输往义乌，成为义乌庞大的货源基础，这让义乌成为各类产品的集散中心，也让义乌批发市场的货源极其丰富。

与货源丰富优势并行的是价格低廉。义乌市场的批发商长期奉行“低价走量”的商业逻辑，只要采购商的进货量足够大，价格没有最低，只有更低。

发达的市场和客商云集的火爆交易，使义乌小商品批发市场成为发布小商品价格、新产品动向的信息源头。这吸引了许多互联网创业者在义乌深耕，造就了当地人员与信息密集的优势。

此外，义乌还具有物流成本低的优势。义乌小商品批发市场物流发达，拥有200多条联托运线路，直达国内200多个大中城市；拥有浙中地区唯一的民用机场；紧邻宁波港、上海港，形成了立体化的交通运输网络。

如今，义乌小商品批发市场辐射200多个国家和地区，商品行销东南亚、中东、欧美等地，年出口额已达总成交额的60%以上，形成了“全国货、全球货义乌买卖”的格局。

（三）根据组织化程度与交易形式分类

根据组织化程度与交易形式的不同，批发交易组织可以分为批发市场、贸易中心与商品交易所。

批发市场的组织化程度最低，交易方式以即期批发交易为主，也有少量短期合同交易。

贸易中心的组织化程度较高，交易方式以远期交易为主，但仍是现货交易。

商品交易所的组织化程度最高，执行标准化交易合约，交易方式既有现货交易，又有期货交易，但以期货交易为主。

知识纵横

期货交易的产生

期货交易是一种和现货交易相对应的交易方式。期货的产生是为了规避价格波动风险。

19 世纪初期，芝加哥是美国最大的谷物集散中心。当时交通极为不便，信息传递速度较慢，仓库又少，农产品价格常常发生波动，农场主和农产品贸易商都为此发愁。为了避免大规模的损失，农场主和农产品贸易商们开始进行远期交易，双方确定一段时间后（比如下一年）买卖的农产品数量和价格，到期时按照远期合约一手交钱一手交货。

1848 年，农场主、农产品贸易商和加工商发起并设立了芝加哥期货交易所，旨在为交易双方提供远期交易服务。随着交易规模的扩大，交易双方遇到很多困难。例如，农产品的质量、价格、等级、交货时间和地点等都由交易双方商定，没有明确、统一的标准。又如，合约能否履行与交易双方的信用密切相关，如果市场情况出现变化，违约风险就会大大增加。

为了进一步规范交易，降低交易风险和交易成本，1865 年，芝加哥期货交易所推出了第一个标准的期货合约。和远期合约不同，期货合约对农产品的质量、价格、等级、交货时间和地点等都制订了标准化条款，减少了很多交易纠纷。交易双方不仅可以在期货合约到期时一手交钱一手交货，还可以在到期前买卖合约。由于摆脱了一定要在到期时实现钱货两清的限制，期货交易迅速发展起来。之后，为了确保履约，芝加哥期货交易所还推行了保证金制度，并成立了结算机构。

三、主要的批发交易组织

（一）批发市场

批发市场（见图 3-10）是最初级的批发交易组织，一般以农副产品（如蔬菜、水果、水产品、肉类、蛋类、奶制品等）的交易为主，交易灵活性大。批发市场提供运输、仓储、包装、结算等方面的服务。

图 3-10　批发市场

（二）贸易中心

贸易中心（见图 3-11）是一种组织化程度较高的批发交易组织，如汽车贸易中心、医药贸易中心等。

贸易中心具有以下几个方面的特点：第一，交易批量巨大。贸易中心集中了大量有实力的买者与卖者，零售商、较小的批发商被排除在外。第二，以远期交易为主。买卖双方签订合同在前，实物交割在后。第三，辐射面广。贸易中心交易批量大，又以远期交易为主，因此易于突破交易的时空限制，辐射面广。

图 3-11　贸易中心

（三）商品交易所

商品交易所（见图 3-12）是组织化程度最高的批发交易组织，如大连商品交易所、郑州商品交易所等。商品交易所不仅提供批发交易的场所和条件，而且对交易主体、交易客体、交易方式等有系统的、严密的规定与章程。

批发交易组织——商品交易所

商品交易所一般具有以下几个方面的特点。

图 3-12　商品交易所

第一，交易主体必须是商品交易所的会员或其委托者。获取会员资格需要满足下列条件：必须是商品交易所入市商品的主要经营者，必须拥有一定数量的资产，必须依照法律规定完成一定的手续。会员经过一定的登记程序，也可以成为经纪人，接受顾客的交易委托。由于经纪制度的存在，尽管商品交易所中入场交易的仅是会员或其委托者，实际上他们背后集中了大量的交易者。

第二，交易客体仅限于商品交易所指定入市的商品。一般来说，入市商品应当同时具有下列条件：质量长期相对稳定，并且易于储存、保管和运输；能够分等、分级，相同等级的商品可以互相替代，不同等级之间可以确定合理的价格差额；用途广泛，交易频繁，价格易波动。同时满足这些条件的商品有限，因此，能够在商品交易所交易的商品种类也有限。

第三，交易方式固定。商品交易所对合同文本、竞价办法、履约方式等有一系列的明确规定，违反这些规定会被禁止入场或受到处罚。商品交易所一般还会实行保证金制度，严格限制随意透支，以控制期货交易的风险。

知行合一

以小组为单位，了解能够在商品交易所交易的商品的种类和交易方式，并在小组内模拟交易。

任务考核

一、单选题

1. 下列关于批发交易组织的说法中，错误的是（　　）。
   A. 批发交易组织全程参与交易过程，并为交易提供场所和条件
   B. 批发交易组织不具有商业职能，不从事商品买卖
   C. 批发交易组织是自治性的、非营利性的流通服务组织
   D. 批发交易组织可以监督批发交易
2. 仅限于为某一类或某一种商品的批发流通提供交易场所与条件的是（　　）。
   A. 产地批发交易组织　　B. 综合性批发交易组织
   C. 销地批发交易组织　　D. 专业性批发交易组织

二、多选题

1. 批发交易组织的功能包括（　　）。
   A. 促进市场竞争　　B. 降低交易成本
   C. 规范交易行为　　D. 促进商品生产
2. 贸易中心的特点包括（　　）。
   A. 交易批量巨大　　B. 以现货交易为主
   C. 辐射面广　　D. 以远期交易为主
3. 下列关于商品交易所的说法中，正确的是（　　）。
   A. 交易主体必须是商品交易所的会员或其委托者
   B. 能够在商品交易所交易的商品种类有限
   C. 交易方式不固定，交易者可以更改部分合同文本
   D. 实行保证金制度，严格限制随意透支

三、简答题

1. 简述批发交易组织的作用。
2. 简述商品交易所的特点。

力学笃行

实践概述

选择当地一个农贸市场调查某种水果或蔬菜的商品流通情况，通过调查问卷和现场询问的方式获取资料，分析整合后形成调查报告。

实践目的

加深对批发商业和零售商业的理解，并能识别不同的零售业态，体会批发交易组织在商品流通中起的作用。

实践准备

（1）学生分成若干小组（6～8人为一组），并选出每组组长。

（2）选择一个农贸市场，每个小组调查一个区域，如水果区、蔬菜区、水产区等。

（3）设计调查问卷，内容包括商品类别、产地、上游供货商、下游采购商等重要信息（还可以深入调查该商品的采购价，以及不同零售商的采购数量和优惠价格）。

（4）调查该商品在不同零售业态中的售价。

实践过程

（1）小组成员到农贸市场中发放或发送调查问卷（纸质版或电子版），收集并筛选有效问卷。

（2）小组讨论调查结果，分析该商品的批发商特点和零售商特点，形成调查报告。

成果展示

（1）以小组为单位，设计调查问卷，撰写调查报告。

（2）选出1名小组成员代表，分享小组调查成果。

请根据实践情况，填写表3-2和表3-3。

表3-2 小组成员及分工情况

<table>
<tr><td>班级</td><td></td><td>组号</td><td></td><td>指导教师</td><td></td></tr>
<tr><td>小组成员</td><td>姓名</td><td>学号</td><td colspan="3">任务分工</td></tr>
<tr><td>组长</td><td></td><td></td><td colspan="3"></td></tr>
<tr><td rowspan="7">组员</td><td></td><td></td><td colspan="3"></td></tr>
<tr><td></td><td></td><td colspan="3"></td></tr>
<tr><td></td><td></td><td colspan="3"></td></tr>
<tr><td></td><td></td><td colspan="3"></td></tr>
<tr><td></td><td></td><td colspan="3"></td></tr>
<tr><td></td><td></td><td colspan="3"></td></tr>
<tr><td></td><td></td><td colspan="3"></td></tr>
</table>

表 3-3 实践计划及实施情况记录

时间安排	实施情况
实践准备	
实践过程	
成果展示	

项目学习成果

请根据本项目的学习和实践情况，填写表 3-4。

表 3-4 项目学习成果评价表

姓名		班级		日期	
学号			指导教师		
项目名称	识别传统商业经营模式				
评价维度	一级指标	二级指标	评价标准	分值	评分
知识评价	专业知识	认识零售商业	能够答对相应的习题，了解零售商业的含义、特点和功能	10	
		识别零售业态类型	能够答对相应的习题，掌握多种零售业态分类的方法，识别不同类型的零售业态	10	
		认识批发商业	能够答对相应的习题，了解批发商业的含义、特点、功能和类型	10	
		识别批发交易组织的类型	能够答对相应的习题，掌握批发交易组织的含义、作用、类型以及主要的批发交易组织的特点	10	
能力评价	专业能力	选择感兴趣的商品，并进行问卷调查	在充分了解商品流通过程的基础上，设计科学的调查问卷，完成调查活动	10	
素养评价	商业素养	识别传统商业经营模式，了解每种商业经营模式的优缺点	能够在调查报告中体现对于传统商业经营模式的思考	10	
	综合素养	具有团队协作能力和沟通协调能力	能够与小组其他成员配合完成实践活动	10	
实践评价	实践准备	制订实践计划	小组成员分工明确，计划翔实，时间安排合理	10	
	实践过程	设计、发放、回收和分析调查问卷	小组成员能够合作完成问卷调查活动，并根据调查结果分析得出合理结论	10	
	实践成果	撰写调查报告	调查报告真实可信，内容深刻	10	
总分				100	

项目四

识别新型商业经营模式

项目导读

什么是电子商务？电子商务有哪些类型？什么是新零售？

本项目主要从电子商务概述、电子商务的类型和新零售3个方面阐述新型商业经营模式，主要内容如图4-1所示。

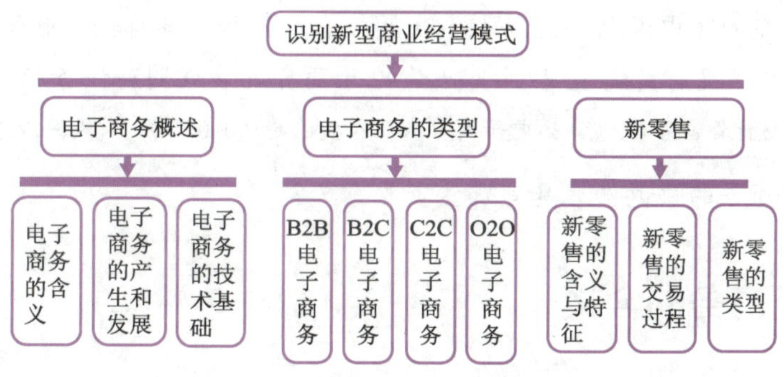

图4-1 知识框架图

学习目标

知识目标

（1）认识电子商务，了解其含义、产生与发展、技术基础。

（2）熟悉新零售的含义、特征和交易过程。

（3）掌握电子商务的类型及每一类电子商务的典型代表。

（4）掌握新零售的类型及每一类新零售的典型代表。

能力目标

（1）能够识别新兴信息技术在电子商务中的应用。

（2）能够识别生活中常见的新型商业经营模式的类型，并分析其交易过程。

素养目标

（1）深刻理解信息技术的快速发展对商业活动带来的影响。

（2）通过体验新型商业经营模式，感受其创新之处。

任务一　认识电子商务

任务导入

国家统计局数据显示，2023 年，我国全年网上零售额达 15.4 万亿元，同比增长 11%，我国连续 11 年成为全球第一大网络零售市场。随着电子商务新业态、新模式的蓬勃发展，市场规模不断扩大，电子商务从业人员数量持续增长。商务部中国国际电子商务中心发布的《中国电子商务人才发展报告》显示，当前我国电子商务从业人数已超 7 000 万人，提前实现了《“十四五”电子商务发展规划》任务指标。

（资料来源：赵竹青、吕骞，《我国电子商务从业人数已超 7 000 万》，人民网，2024 年 3 月 8 日）

思考：电子商务的快速发展具有哪些重要意义？

一、电子商务的含义

《中华人民共和国电子商务法》对电子商务的定义是电子商务交易主体通过互联网等信息网络销售商品或者提供服务的经营活动。电子商务的含义包括以下几点。

第一，电子商务交易主体是能够从事电子商务活动的客观对象，可以是个人、企业、政府、机构等。

第二，电子商务交易主体开展电子商务的前提是拥有一个完整的电子商务系统，该系统主要由互联网等信息网络、供应方、需求方、认证中心、支付中心、物流配送中心及电子商务服务商等组成（见图 4-2）。

第三，电子商务交易主体开展的经营活动包括询价、报价、咨询、支付结算、宣传推广和物流配送等。

第四，电子商务是商流、物流、信息流和资金流的整合。在电子商务中，除物流以外，其余均可以通过互联网等信息网络实现。

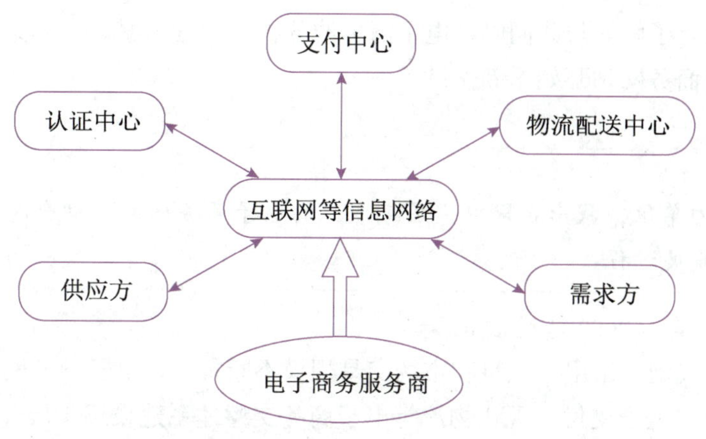

图 4-2　电子商务系统的基本组成

二、电子商务的产生和发展

（一）电子商务的产生

早在 1839 年，人们就开始运用电子手段开展商业交流活动。20 世纪 70 年代，电子数据交换和电子资金转账应用于商业活动中，企业间电子商务的雏形由此产生。20 世纪 90 年代，随着互联网的出现，信息技术的发展步入了一个新阶段，电子商务逐渐发展起来。

信息技术与商业的融合发展吸引了全社会的关注，网络用户的数量迅速增加，社会网络化、经济数字化、竞争全球化、贸易自由化的趋势不断加强，电子商务正是在这种背景下产生和发展的。

（二）中国电子商务的发展阶段

我国电子商务虽然起步较晚，但是发展迅速。总的来说，我国电子商务的发展可分为以下 4 个阶段（见图 4-3）。

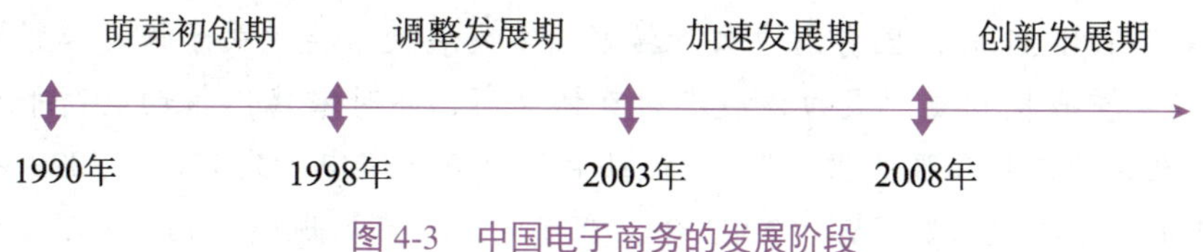

图 4-3　中国电子商务的发展阶段

1．萌芽初创期（1990 年至 1997 年）

这一时期，我国的计算机技术和互联网建设处于起步阶段，这是以政府为主导的电子商务设施建设阶段，个人互联网用户规模较小。

2．调整发展期（1998 年至 2002 年）

这一时期，我国电子商务开始进入商业化阶段，许多知名的电子商务网站都是在这一时期成立的，如阿里巴巴和卓越网。但是，由于我国信息化发展水平较低，社会公众对于电子商务仍然缺乏了解。与此同时，电子商务的各种问题逐渐暴露，尤其伴随着互联网泡沫的破灭，电子商务网站开始重新洗牌。

知行合一

以小组为单位，找出在调整发展期成立的电子商务网站，结合时代背景，分析这些网站的发展过程。

3. 加速发展期（2003 年至 2007 年）

这一时期，我国网络用户数量和市场交易规模不断扩大，电子商务网站进入加速发展阶段。电子认证、电子支付、现代物流等电子商务支撑体系建设逐步展开。

4. 创新发展期（2008 年至今）

2008 年以来，我国电子商务迈向创新发展阶段，新兴技术应用日益深入，新零售、社交电子商务、直播电子商务、跨境电子商务等新业态迅速发展起来。

商业观察

直播电商开辟助农新模式

山西省太原市阳曲县杨兴乡水头村包村干部宋晓洁在村中考察时发现，这里的土蜂蜜很有特色，但蜂农苦于没有销路。宋晓洁在开展多次市场调研后，萌生了在短视频平台卖土蜂蜜的念头，最终通过直播带货的方式，成功将杨兴乡各个村里的特产推广了出去。

借助电商和数字农业快速发展的红利，直播带货为农产品从田间地头走向千家万户铺设了一条快车道，促进了农村产业快速发展。手机成为农民的新“农具”，直播成为农民的新“农活”，数据成为农民的新“农资”。全国各地农村涌现出一批愿意带领乡亲脱贫致富的直播新“网红”，他们在直播间里介绍当地特色农产品，宣传当地美景、美食和文化，带动当地旅游业、餐饮业发展。

2023 年 7 月 31 日，国务院办公厅转发国家发展改革委《关于恢复和扩大消费的措施》，其中重点提到要“大力发展农村直播电商、即时零售，推动电商平台和企业增加面向农村的产品和服务供给”。网经社电子商务研究中心发布的《2022 年度中国电子商务市场数据报告》显示，2022 年，直播电商的市场规模达到 3.5 万亿元，同比增长 48.21%。直播电商通过不断讲解、推介，强化区域农产品品牌的记忆点，促进农产品及其信息的快速流转，打造区域农产品公共品牌。

直播电商不仅解决了农产品滞销问题，而且正在以其自身的优势为农业产业链发展提供必要的支持和服务。农村直播电商不是简单地把农产品搬到网上，而是依托电子商务平台，实现农产品生产和流通全过程的产业升级。如今，直播电商已经成为农业与农村经济发展的新引擎、农民增收致富的重要渠道及乡村振兴的重要载体。

三、电子商务的技术基础

（一）互联网技术

电子商务活动依托互联网展开。互联网的核心是一系列协议，包括 TCP/IP 协议、HTTP 协议等，这些协议既确保数据的可靠传输和网页的正常访问，也为信息的传输、共享和交互奠定了基础。

1．互联网服务

互联网服务是基于互联网技术，为用户提供各种方便、高效的服务。其中，互联网的应用程序服务能满足用户在日常生活和工作中的各种需求，其在电子商务中的典型应用如表 4-1 所示。

表 4-1　互联网服务在电子商务中的典型应用

互联网服务	典型应用
万维网（world wide web，WWW）	通过浏览各类网站，用户可以了解各类商品信息、市场信息及消费者评价；商家可以通过网站发布广告或者直接销售商品；有共同爱好和兴趣的用户可以在网站交流，互相推荐商品和服务等
电子邮件	电子邮件是一种成本低、传送速度快、可传送多媒体信息的商业信息交换方式，在跨境电子商务中扮演重要角色
搜索引擎	网站通过搜索引擎发布广告，或者借助搜索引擎的检索规则使自己更容易被用户发现
社交网络	社交网络具有较高的信息传递效率，是用户获取商品信息和分享购物体验的重要工具或平台

2．移动互联网技术

移动互联网技术是移动终端与互联网结合的产物，发挥了移动终端随时随地移动的优势和互联网开放、分享、互动的优势，使用户能便捷地享受商务、娱乐等各种网络服务。

移动互联网技术发展的基础设施既包括支持远距离无线网络连接的移动通信技术，也包括支持近距离无线连接服务的 Wi-Fi 技术和蓝牙技术。

1）5G 技术

5G 技术即第五代移动通信技术，是指具有高速率、低时延、海量接入和强连接等特点的新一代宽带移动通信技术，是实现人、机、物互联的网络基础设施。

知识纵横

移动通信技术的发展

移动通信技术是近几十年来发展速度很快的一项技术，同时，这项技术也在日常生活中得到了普遍应用。

1G 技术为用户提供模拟语音服务，然而这项技术存在很多局限，如格式多、兼容性差、保密程度低、抗干扰能力差等，因此这项技术很难得到大范围推广和应用。

2G 技术在语音效果方面有了很大提升，但是 2G 技术的模式统一化程度较低，用户只能在系统的同一个区域内漫游，在空间上有一定局限。

3G 技术在多媒体服务等方面具有很大优势，3G 技术能同时传送声音及数据信息。

4G 技术是 3G 技术的延伸，带宽更高，能够传输更高质量的视频和图像，用户可以边看边下载。视频点播、直播是 4G 技术常见的应用方式。

5G 技术具有众多优势，正在逐步取代 4G 技术，并被应用于各种场景。例如，5G 海量接入的特性促进物流的智慧化发展，不仅在物流中融入人工智能等前沿技术，还使用户的通信方式更加多元和高效。

2）Wi-Fi 技术

Wi-Fi 技术是指通过无线电波来连接网络的技术，具有移动性与灵活性的特点，在日常生活中得到了普遍应用。在家庭中，Wi-Fi 技术可以为多个移动设备提供无限接入服务，方便用户共享网络资源；在商业场所，Wi-Fi 技术可以为商家提供更多的营销手段和服务方式。

3）蓝牙技术

蓝牙技术可以为移动（或固定）设备建立通用的无线空中接口，使各种移动（或固定）设备在近距离内实现互联互通。蓝牙技术目前广泛应用于智能家居和智能穿戴设备领域，可以实现语音控制等功能。

思考与讨论

你知道 5G 技术、Wi-Fi 技术和蓝牙技术在电子商务领域有哪些应用实例吗？

（二）Web 技术

Web 技术是构建、设计、开发和管理 Web 应用程序和网站的技术总称。Web 技术可以实现在网页上同时显示图像和文本，并提供音频、视频信息的效果。

Web 技术在电子商务领域的应用主要体现在构建电子商务平台、展示商品与管理信息等方面。例如，Web 前端开发技术（HTML、CSS、JavaScript 等）可以用于构建网页界面；Web 后端开发技术（Java、Python、PHP 等）可以用于处理服务器端的逻辑和数据交互问题。又如，Web 数据库技术将数据库系统接入 Web，使数据库系统能够存储和管理大量的商品信息、用户数据、订单数据等。

（三）新兴技术

新兴技术应用于电子商务，促进了电子商务与实体经济的深度融合，催生了电子商务的新业态，加速了电子商务的更新迭代。

1．云计算技术

云计算中的“云”是一个图形化的比喻，指代互联网。云计算是指将庞大的计算任务拆分成多个较小的子任务，然后把这些任务分配给由多部网络服务器所组成的系统，系统处理后将结果返给用户的计算。云计算的关键技术包括虚拟机技术、数据存储技术、数据管理技术、分布式编程与计算、虚拟资源的管理与调度、云计算的业务接口和云计算相关的安全技术等。

随着云计算技术的推广和普及，云计算在电子商务领域被大规模应用，如存储云、教育云、医疗云和金融云等。目前，国内较为知名的云计算平台有阿里云、京东云、腾讯云和华为云等。

2．大数据技术

大数据是指一种无法用传统数据库软件工具获取、存储、管理、分析的超大规模的数据集合，具有数据规模海量、数据流转快速、数据类型多样和价值密度低 4 大特征。大数据技术是为了传送、存储、分析和应用大数据而采用的软件和硬件技术。

大数据技术的价值在于对海量数据信息进行专业化处理，实现数据的增值。就技术层面而言，大数据技术必须依托云计算的虚拟机技术、数据存储技术、分布式编程与计算等。

大数据技术在电子商务领域的应用是大势所趋，其典型应用如表 4-2 所示。

表 4-2 大数据技术在电子商务中的典型应用

典型应用	实例
精准营销	通过大数据分析，建立用户画像，识别目标群体，预测用户偏好，进而对用户进行精准营销，包括个性化推荐和广告投放等
个性化定制服务	通过大数据分析，为用户提供全面的个性化定制服务，如海尔提供网上定制服务，用户可以根据自己的喜好，定制个性化的家电产品

3．区块链技术

区块链既是一种将数据区块按时间顺序组合而成的一种链式数据结构，也是一种以密码学方式保证不可篡改和不可伪造的分布式账本。

区块链具有两大核心特点：一是数据难以篡改，二是去中心化。因此，区块链所记录的信息更加真实、可靠，可以帮助解决交易的信任和安全问题。构建区块链视角下的电子商务体系，可以实现电子商务信息价值链的互联互通。

区块链的关键技术包括分布式数据存储技术、点对点传输技术、共识机制、加密算法等，其在电子商务中的典型应用如表 4-3 所示。

表 4-3　区块链技术在电子商务中的典型应用

典型应用	实例
供应链金融	招商银行的“招商银行一链通”是区块链技术平台，其运用分布式数据存储技术、加密算法等，降低机构间的信任成本，提高金融服务效率
去中心化的身份认证服务	美图公司基于区块链技术打造智能通行证，用人脸特征作为通行密钥，增强了用户身份认证的安全性和对用户隐私数据的保护
智能合约	蚂蚁集团推出“蚂蚁链—区块链合同”产品，基于可靠的实名认证、权威数字证书、可信时间戳等区块链技术，为合同安上“智慧大脑”

4．物联网技术

物联网是在互联网基础上延伸和扩展的网络，它通过射频识别器、红外感应器、全球定位系统、激光扫描器等信息传感设备，按约定的协议，把各种物品与互联网相连接，进行信息交换，实现任何时间、任何地点，人、机、物的互联互通。

物联网技术包括射频识别技术、智能传感技术、激光扫描技术等，其在电子商务中的典型应用如表 4-4 所示。

表 4-4　物联网技术在电子商务中的典型应用

典型应用	实例
精准营销	物联网设备能帮助商家开展精准营销。例如，商家可以利用蓝牙信标向附近路人的智能手机上实时发送个性化的商品优惠信息，招揽路人进店消费
智能零售	商家利用电子产品代码和射频识别等物联网技术，可以实现无人便利店和自动售货机等智能零售模式
防伪溯源	商家基于物联网技术，可以记录每个商品从原材料采购到售后的全生命周期中每个环节的重要数据

5．人工智能技术

人工智能（artificial intelligence，AI）又称“机器智能”，它是研究用机器模拟、延伸和扩展人的智能的理论、方法、技术及应用系统的一门科学。目前，人工智能技术已经逐渐发展为一个庞大的体系，它涵盖了机器学习、深度学习、人机交互、自然语言处理、机器视觉等多个领域的技术。

无锡首批 25 辆无人配送车正式上路

在电子商务领域，人工智能技术已经逐渐发展为助推销量增长和优化电子商务运营模式的强大工具，其典型应用如表 4-5 所示。

表 4-5 人工智能技术在电子商务中的典型应用

典型应用	实例
智能机器人	阿里巴巴的“阿里小蜜”、京东的“JIMI”等智能客服机器人，可以实时响应用户提出的问题，解答常见问题
	天猫超市的“曹操”、申通的“小橙人”等智能分拣机器人，可以持续高效地工作，并通过自动采集和分析数据，为企业提供实时的物流信息
	无人机、菜鸟的“小 G plus”等智能配送机器人，可以在室内或室外环境中自主导航，完成配送任务
推荐引擎	阿里巴巴的可视化人工智能平台“DT PAI”，可以为企业提供全方位的 AI 技术和解决方案
图像识别	京东的“正阳门图像审核系统”，可以精准识别图像内容，从而有效维护平台秩序

6. 虚拟现实和增强现实技术

虚拟现实（virtual reality，VR）是指利用计算机生成一种高度逼真的，具有视觉、听觉、触觉等多种感官体验的虚拟环境，并通过多种传感设备使处于该环境的人产生身临其境的体验的人机界面技术。

增强现实（augmented reality，AR）可以实时计算摄影机影像位置及角度，并赋予其相应的图像、视频、3D 模型。AR 包含了多媒体、三维建模、实时视频显示及控制、多传感器融合、实时跟踪注册、场景融合等多项新技术。

VR 是百分之百的虚拟世界，而 AR 则以现实世界的实体为主体，借助数字技术让用户可以探索现实世界并与之交互。VR 和 AR 的发展给电子商务带来了新的契机，其在电子商务中的典型应用如表 4-6 所示。

表 4-6 VR 和 AR 在电子商务中的典型应用

典型应用	实例
VR 的典型应用	淘宝推出了“淘宝 360°宝贝”，可以使消费者全方位、多角度地查看商品
	中国制造网推出了全景看厂功能，可以让消费者在线上浏览工厂的各个区域，自由探索工厂
	携程推出了 VR 选酒店功能，可以让消费者以全景的方式查看房间全景，甚至是窗外的环境
AR 的典型应用	宜家电子商务平台利用 AR 技术，可以将虚拟的家具实时叠加到真实的室内环境中
	AR 试衣镜可以将虚拟的服装实时叠加到消费者的真实形象上，从而帮助消费者了解自己的穿衣风格，做出更加明智的购买决策

思考与讨论

除上述新兴技术外，你还知道哪些应用于电子商务领域的新兴技术？

任务考核

一、单选题

1. 关于电子商务的产生和发展，下列说法错误的是（　　）。
   A. 20 世纪 70 年代，企业间电子商务的雏形产生
   B. 我国电子商务虽然起步较晚，但是发展迅速
   C. 2003 年至 2007 年，我国电子商务进入商业化阶段
   D. 在创新发展期，新兴技术应用日益深入，新业态迅速发展起来
2. 下列选项中，不属于大数据技术在电子商务中的典型应用的是（　　）。
   A. 提供个性化定制服务
   B. 识别目标群体，预测用户偏好
   C. 提供去中心化的身份认证服务
   D. 建立用户画像，实现精准营销
3. 下列关于 5G 技术的说法中，错误的是（　　）。
   A. 5G 技术是指具有高速率、低时延、海量接入和强连接等特点的新一代宽带移动通信技术
   B. 5G 海量接入的特性促进物流的智慧化发展
   C. 5G 技术是实现人、机、物互联的网络基础设施
   D. 5G 技术促使直播行业迅速发展

二、多选题

1. 电子商务的新兴技术基础包括（　　）。
   A. 互联网技术　　B. 大数据技术
   C. 人工智能技术　　D. 物联网技术
2. 人工智能技术包括（　　）。
   A. 机器学习　　B. 人机交互
   C. 自然语言处理　　D. 机器视觉
3. 区块链的核心特点有（　　）。
   A. 数据规模海量　　B. 数据流转快速
   C. 数据难以篡改　　D. 去中心化
4. 物联网技术在电子商务中的典型应用有（　　）。
   A. 防伪溯源　　B. 智能零售
   C. 精准营销　　D. 个性化定制服务

三、简答题

1. 简述我国电子商务的发展阶段。
2. 简述电子商务的新兴技术基础。

任务二　了解电子商务的类型

任务导入

1688 网是阿里巴巴集团旗下的综合类 B2B 电子商务平台，在行业里被称为“中国电商的源头货盘”，入驻的大多是供应商和采购商。

自 2020 年开始，1688 网在小红书、微博等社交平台频频“出圈”，吸引了不少 C 端消费者“挖宝”，也吸引了一些采购量较小的团购买家，如来自跨境电商、小红书、抖音、快手、拼多多等平台的带货“达人”。

随着大量采购量较小的团购买家涌入，1688 网开始转变思路，为这些买家提供多种服务。2022 年 9 月，1688 网上线了“1688 严选”服务，主推品牌“平替”商品。一年后，1688 网又上线了“PLUS 会员店”，以满足个人自用或家庭采购需求。此外，1688 网还推出了“一件代发”功能，极大地方便了个人买家和团购买家。

（资料来源：何倩，《“小 B”买家涌进 1688》，《北京商报》，2023 年 12 月 21 日）

思考：1688 网属于哪种类型的电子商务网站？

在电子商务活动中，交易主体一般是指企业（或商家）和个人消费者。根据交易主体的不同，电子商务可以分为 B2B 电子商务、B2C 电子商务、C2C 电子商务等。此外，近几年常见的还有 O2O 电子商务。

一、B2B 电子商务

B2B（business to business）电子商务是指企业（或商家）通过电子商务平台向其他企业（或商家）提供商品或服务的经营活动。B2B 电子商务平台为买卖双方企业提供信息发布与商品交易服务，以此获取销售收入、会员费、交易佣金、广告费、竞价排名费、增值服务费、线下服务费等。

根据运营主体的不同，B2B 电子商务平台可以分为自营 B2B 电子商务平台和第三方 B2B 电子商务平台。

（一）自营 B2B 电子商务平台

如果企业的规模较大，实力雄厚，知名度高，上下游合作伙伴众多，则其在开展电子商务活动时一般选择自建交易平台。例如，海尔集团自建海尔招标网，并通过该平台发布招标信息、企业内部采购事宜等，以促进海尔集团和供应商之间的合作。又如，联想公司和华为公司均推出了企业客户专属采购平台，分别为联想 E 采和华为商城企业购。

（二）第三方 B2B 电子商务平台

第三方 B2B 电子商务平台是指不参与交易，只为供应商与采购商提供电子商务交易基础设施服务（如行业资讯、供求信息、网上开店服务、支付服务、物流服务等）的平台，如 1688 网、中国制造网、环球资源网等。一般来说，第三方 B2B 电子商务平台的运营主体是互联网企业，其既不生产产品，也不销售产品。

思考与讨论

你能举例说明哪些是 B2B 电子商务平台吗？

二、B2C 电子商务

B2C（business to customer）电子商务是指企业（或商家）通过电子商务平台向个人消费者提供商品或服务的经营活动。开展 B2C 电子商务的企业（或商家）通常都有自己的官方网站，并通过官方网站向个人消费者销售商品、推广品牌，或提供各类在线服务，如在线医疗、在线教育、在线旅游等。B2C 电子商务平台的收入来源为销售利润、会员费、交易佣金、广告费、竞价排名费、增值服务费等。

根据运营主体的不同，B2C 电子商务平台可以分为综合平台商城、综合独立商城、网络品牌商城和连锁购销商城。

（一）综合平台商城

综合平台商城的运营方不参与买卖双方的交易，仅作为第三方提供交易支持服务。因此，综合平台商城没有商品销售的压力，也不会因库存商品积压而占用资金，同时无须承担网店经营成本。例如，天猫商城作为综合平台商城，为商家提供交易场所和相关的管理服务。它不直接拥有商品，而是让商家入驻平台，在商品销售出去后，天猫商城与商家分享收益。

需要指出的是，入驻综合平台商城的商家自主运营，并负责商品的采购、上架、营销、发货等。消费者在不同的商家购物能感受到明显的差异，综合平台商城难以控制商品质量和服务水平。

（二）综合独立商城

综合独立商城的运营方就是卖家，即使有其他商家入驻，其网店也由综合独立商城代管。综合独立商城负责商品销售的全过程，不仅可以保证商品质量和服务水平，还可以利用规模优势压缩商品进货成本。但是，这类商城结构复杂，资金投入巨大，网店的经营不够灵活。

例如，京东商城是典型的综合独立商城，不仅负责采购、销售自营商品，还自建物流体系，提供配送服务和售后服务，为消费者和商家提供了便利。

（三）网络品牌商城

网络品牌商城的运营方是知名的网络品牌，其采用自主生产或贴标的形式提供商品。网络品牌商城对品牌有完全的自主权，对市场变化反应敏感，更新商品的速度快。但是，这类商城在品牌推广方面投入较大，商品品类少，销售利润较低。

例如，小米商城是小米公司旗下的线上购物平台，主要销售小米及小米生态链品牌的产品和服务。小米商城通过分析用户的购物历史和浏览行为，筛选并上架符合用户需求的商品，对市场变化反应敏感。

思考与讨论

你能举例说明哪些是网络品牌商城吗？

（四）连锁购销商城

连锁购销商城的运营方一般是规模较大的线下连锁经销商，它们与生产商关系密切，一般采用“实体店+线上商城”的双渠道模式。

连锁购销商城依托线下强大的零售采购平台与供应链，能够为消费者提供物美价廉的商品和服务，同时具有较高的品牌声望，商品品类也比较丰富。不过，这类商城中商品的线上、线下价格难以统一，而且很容易冲击现有的商品流通渠道和价格体系。典型的连锁购销商城是苏宁易购。

调查苏宁易购线上、线下商品的价格，分析哪些品类的商品线上、线下价格差别较大。

三、C2C 电子商务

C2C（customer to customer）电子商务是指个人消费者通过电子商务平台向个人消费者提供商品或服务的经营活动。C2C 电子商务平台为买卖双方提供信息发布与商品交易服务，以此获取保证金、技术年费、广告费、竞价排名费、增值服务费、在线软件租金分成等。

根据经营方式的不同，C2C 电子商务平台可以分为网上拍卖平台、网上店铺和二手闲置物品交易平台。

（一）网上拍卖平台

在网上拍卖平台这种经营方式下，卖家通过网上拍卖平台发布将要出售的商品或服务信息，买家轮流出价，在拍卖时间截止之后，出价最高的买家获得商品或服务。网上拍卖平台的优势在于能够吸引尽可能多的消费者参与交易，使得商品或服务的成交价格达到甚至超过卖家的心理价位。同时，卖家可以定制适合自己的拍卖规则，使交易更加灵活。

例如，eBay 是知名的网上拍卖平台。卖家在该平台出售商品时，可以设置商品起拍价、加价幅度，最终出价高者获得商品。

（二）网上店铺

在网上店铺这种经营方式下，个人消费者借助 C2C 电子商务平台开设网上店铺，利用网上店铺开展零售活动。例如，淘宝店就是网上店铺，个人买家和个人卖家之间可以直接交易。淘宝网不向个人收取交易提成或服务费，而是利用付款和交易完成的时间差形成的巨额沉淀资金获利。

（三）二手闲置物品交易平台

近年来，二手闲置物品交易盛行，其流程也逐渐规范化。在此背景下，为个人消费者达成二手闲置物品交易提供信息发布或交易磋商的平台便应运而生。目前，大多数二手闲置物品交易平台以 App 的形式运营，如闲鱼 App、转转 App 等，其依托个人消费者的社交关系网络推广商品信息。

当前，“消费品以旧换新”成为社会议题，鼓励和推动消费品以旧换新是经济社会绿色低碳转型的重要工作，闲置物品的交易流通则是践行绿色消费理念的重要形式之一。

闲鱼App发布的数据显示，2023年，闲鱼App日均交易额已突破10亿元，平均每天有400万件闲置物品在闲鱼App上发布。截至2023年底，闲鱼App已拥有5亿用户，其中“95后”占比最大。年轻人为闲鱼App带来了多元的交易形态和丰富的商品供给，为闲鱼App注入了新的生机与活力。

思考：二手闲置物品交易平台为什么能够快速发展？

四、O2O电子商务

O2O（online to offline）电子商务是指线上与线下融合的一种新型电子商务。零售行业和服务行业的线下商家通过O2O电子商务平台，将商品信息、服务信息、优惠信息等推送给线上用户，从而将线上用户转换为线下客户。

国内的O2O电子商务发展以团购业务为开端，此后各种点评类网站、订餐类App等纷纷出现，涵盖旅游、教育、家装、婚庆、家政等领域。国内O2O电子商务平台的盈利模式有以下几种。

（一）广场模式

在广场模式下，O2O电子商务平台为消费者提供商品或服务的信息，以及相关的导购、搜索和评论等功能，以此向线下商家收取广告费，消费者有问题需要找线下商家。这种模式的典型代表是大众点评网、赶集网等。

（二）代理模式

美团网是如何通过代理模式盈利的

在代理模式下，O2O电子商务平台通过在线上发放优惠券、提供实体店消费预订服务等，把线上用户引导到线下去消费，以此向线下商家收取佣金分成，消费者有问题需要找线下商家。这种模式的典型代表是美团网。

（三）商城模式

在商城模式下，O2O电子商务平台整合行业资源，销售商品或服务，以此向线下商家收取佣金分成，消费者有问题找平台。这种模式的典型代表是滴滴打车。

以小组为单位，搜集更多O2O电子商务网站，并分析其盈利模式属于哪种类型。

任务考核

一、单选题

1. 关于 B2C 电子商务，下列说法错误的是（　　）。

A. 开展 B2C 电子商务的企业通常都有自己的官方网站

B. 开展 B2C 电子商务的企业可以提供各类在线服务

C. B2C 电子商务平台可以将线上用户转换为线下客户

D. 综合平台商城和综合独立商城都属于 B2C 电子商务平台

2.（　　）是一种企业和企业之间开展电子商务活动的模式。

A. B2B 电子商务　　B. B2C 电子商务

C. C2C 电子商务　　D. O2O 电子商务

3. 在（　　）模式下，运营方是知名的网络品牌，其采用自主生产或贴标的形式提供商品。

A. 综合平台商城　　B. 综合独立商城

C. 网络品牌商城　　D. 连锁购销商城

二、多选题

1. B2C 电子商务平台的收入来源有（　　）。

A. 销售利润　　B. 会员费

C. 交易佣金　　D. 广告费及竞价排名费

2. 国内 O2O 电子商务平台的盈利模式有（　　）。

A. 独立模式　　B. 代理模式

C. 广场模式　　D. 商城模式

3. 下列各项中，属于 C2C 电子商务平台的是（　　）。

A. 闲鱼 App　　B. 美团网

C. 转转 App　　D. 大众点评网

三、简答题

1. 简述不同类型 C2C 电子商务平台的经营方式。

2. 简述 O2O 电子商务平台的盈利模式。

任务三　熟悉新零售

任务导入

近年来，手机市场竞争激烈，消费者的需求也越来越多样。小米公司通过转型新零售，打造将服务与销售融合为一体的直营店，以应对这种消费趋势。

小米新零售万店破局，美好的生活不应有距离

小米新零售中最具代表性的就是小米之家。小米之家为消费者营造出一种轻松的购物氛围，消费者购物时可以充分体验产品，不再受推销员打扰，完全自主消费。消费者可以享受 7 天无理由退货、15 天无忧换货（含线上购买的产品）、1 年保修期内到全国任意一家门店维修等多项服务。此外，门店支持线上下单、到店自取，还会提供免费贴膜、消毒、保养等特色服务，为消费者提供贴心的便利服务。

思考：小米之家体现了新零售的哪些特征？

一、新零售的含义与特征

（一）新零售的含义

新零售并不是一种全新的零售业态，而是在大数据、云计算等新兴技术飞速发展的背景下，为了顺应零售业发展新趋势而产生的一种区别于传统零售业的零售模式。

2016 年，阿里巴巴首次提出了新零售的概念。在阿里研究院发布的《2017 新零售研究报告》中，新零售被定义为“以消费者体验为中心的数据驱动的泛零售形态”。从本质上讲，新零售以消费者体验为中心，重构了零售业态结构与生态圈，真正发挥了“线上+线下+数据+现代物流”的系统化能力。

知识纵横

新零售的“人”“货”“场”

无论是传统零售还是新零售，都无法脱离“人”（消费者）、“货”（商品）、“场”（消费场所）这 3 个基本要素。在过去，因为物质相对缺乏，市场上的商品种类和流通规模都十分有限，所以“货”是零售业的核心。“货”在三者中的地位最高，“场”

其次，“人”的地位最低。

随着时代的发展，人们的物质生活日益丰富，商品变得不再稀缺。这时，“场”就成了核心的要素，零售企业越早占据黄金场地位置，越有机会在众多品牌中脱颖而出。

如今，消费者的需求和偏好发生了巨大的变化，各种新兴技术飞速发展，人们几乎可以随时随地完成消费行为。消费者对商品的价格与质量、购物体验和售后服务等的要求都有所提升，“人”成了决定零售企业成功的关键因素，“场”的地位相对降低。

新零售的本质是对“人”“货”“场”的重构。新零售对“人”的重构，主要指充分利用线上、线下的各种数据，勾勒出消费者画像，使零售企业能够有的放矢。新零售对“货”的重构，主要指挖掘商品价值，提升供应链管理效率。新零售对“场”的重构，主要指整合线上、线下渠道，实现全渠道升级。

（二）新零售的特征

与传统零售相比，新零售具有以下几个特征。

1. 一体化渠道

线上与线下渠道的融合是新零售最主要的特征。新零售企业全面打通线上网店、移动微店、直营门店、加盟门店等多种线上、线下渠道，将商品、库存、会员、服务等融为一体，不仅打造了多种形态的销售场所，还实现了多渠道销售场景的深度融合，提升了系统化的服务能力，从而满足消费者的多样化需求。

2. 数字化经营

无论是主动还是被动，新零售企业都在积极地依托互联网技术提高经营效率。新零售企业运用大数据和云计算等新兴技术将消费者的个人信息、购物记录及商品的类别与性能信息等转化成可以分析的数据，并对其进行分析，进而利用数据分析结果，实现数字化经营。新零售企业数字化经营的具体表现包括智能试装、语音购物、自助结算、拍照搜索、人脸识别等。

思考与讨论

除上述列举的具体表现外，数字化经营还有哪些具体表现？

3. 体验式购物

随着收入水平的提高，消费者购物时不再只关注商品的价格，而是更加关注商品和服务的质量及自身的购物体验。新零售企业一方面通过线下实体店铺让消费者体验商品和服务；另一方面运用新兴技术创建线上虚拟购物场景，并与消费者互动，从而实现线上、线下购物场景的全面覆盖，提升消费者的体验。

4．智慧化物流

新零售企业不仅可以满足消费者全天候和全渠道的消费需求，还可以让消费者任意选择到店自提、同城配送、快递配送等物流形式。为此，新零售企业必须建立智能化的现代物流配送体系。一方面，新零售企业的门店之间可以共享库存，实现商品的实时调配，快速供应，从而及时响应消费者的需求；另一方面，从消费者的需求出发，倒推至商品生产环节，新零售企业可以按需备货，供应链按需生产和供货，从而实现库存最小化。

二、新零售的交易过程

在新零售模式下，大部分交易过程是数字化的，提交订单和结算付款都是在线上完成的。目前，新零售企业以超市和餐饮企业为主，新零售的交易流程如图 4-4 所示。

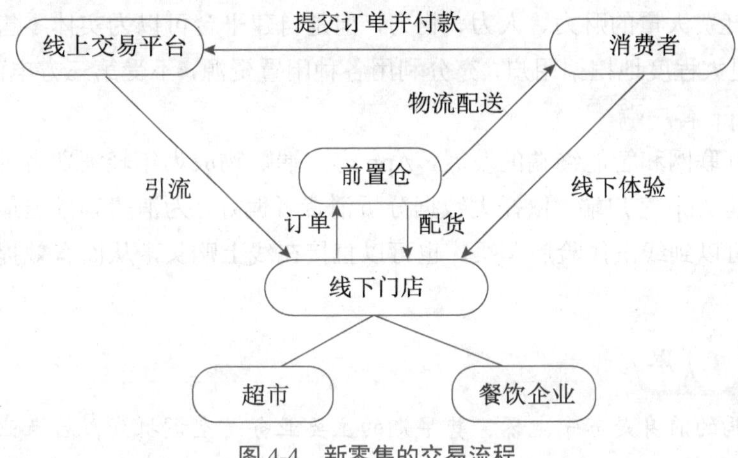

图 4-4　新零售的交易流程

首先，新零售企业搭建专属的 App（或小程序）作为线上交易平台，吸引线上消费者，同时，线下门店也会要求线下消费者下载 App 并选购商品（或服务）。也就是说，消费者需要先在 App 上下单并付款。

其次，消费者在 App 上下单成功后，可以选择物流配送，也可以选择到线下自提商品（或到店享受服务）。

最后，新零售系统会根据消费者的订单配货。如果消费者要求物流配送，新零售系统就会将订单发送给离消费者最近的前置仓，由前置仓配货并配送到消费者指定的地址；如果消费者选择到店自提（或到店享受服务），新零售系统就会将订单发送给离消费者指定门店最近的前置仓，由前置仓配货并将商品配送到门店。

以小组为单位，模拟新零售的交易过程。

三、新零售的类型

新零售主要有两类，一类是实体企业向新零售转型，另一类是传统电商布局新零售。

（一）实体企业向新零售转型

自 2015 年起，受数字经济的影响，许多实体企业开始积极探索电子商务化，具体措施包括打通线上、线下的壁垒，发展线上销售，升级线下服务等。实体企业向新零售转型主要有以下几种模式。

1．自建 B2C 平台

一些大型实体零售企业实力雄厚，资源充足，市场份额较大。为了满足消费者的需求，顺应零售业的发展趋势，其会建造自己的网购商城，同时开展线上和线下业务。虽然自建 B2C 平台需要耗费大量的财力、人力、物力，但是自建平台可以为实体零售企业带来更多的效益，可以更大程度地挖掘用户，充分利用各种闲置资源，不受第三方电商平台的限制。

2．自建 App 客户端

随着移动互联网和智能终端的发展，App 客户端购物成为年轻消费者的首选。实体零售企业通过自建 App 客户端，依托大数据分析消费者偏好，为消费者推送最新资讯和产品信息，消费者可以到线下体验后购买，也可以直接在线上购买，从而有效提高消费者的购买率。

博学慎思

苏宁易购的前身是苏宁电器，其早期的主要业务是空调批发，后来业务重心转向零售。随着零售规模的不断扩大，苏宁易购开始向智慧零售转型。于是，苏宁小店应运而生。

苏宁小店采用“实体店+App”双店模式，扎根于社区生活圈，从门店选址到选品，聚焦于社区居民的高频消费，成为融合便利店、生鲜超市等多种功能的一站式创新小店。社区居民可以步行约 10 分钟到店消费，也可以享受半小时送达服务，体验智能化、生活化、社区化、实时化的新零售模式。

思考：苏宁易购是怎样向新零售转型的？

3．与第三方 B2C 平台合作

实体零售企业与第三方 B2C 平台合作符合互惠互利的原则。与自建平台相比，合作的方式对于实体零售企业来说资金投入小，风险低，可以将第三方 B2C 平台的用户引流到自己的实体店中，从而覆盖更大范围的消费群体，同时增强自身的品牌效应。第三方 B2C 平台也可以利用实体零售企业在线下体验、送货等方面的优势来弥补自身的不足。

（二）传统电商布局新零售

传统电商虽然具有购物便捷、支付方便、商品价格低廉、不受地域限制等优势，但现在人们越来越关注购物体验和商家的服务水平，传统电商在这些方面有所欠缺，因此需要提升线下服务水平。

传统电商布局新零售主要有以下两种模式。

1．社交电子商务

社交电子商务是指传统电商通过社交网络平台或电商平台的社交功能，将关注、分享、讨论、互动等社交化元素应用于电子商务的交易过程的经营活动。社交电子商务是当前最热门的商业发展趋势之一，其对市场和品牌的影响力不断提升，交易规模也不断扩大。相较于其他模式来说，社交电子商务引流精准度更高，推广速度也更快。

拼多多的商业经营模式是消费者通过沟通和分享，与家人、朋友等拼团，以更低的价格购买更多的优质产品。拼多多以这种“社交+低价”的形式吸引了超 8 亿名消费者，在京东、阿里双巨头的竞争格局下迅速打开了市场。

传统电商的商业逻辑是“人找货”，即消费者带着购物目的主动去搜索商品，而拼多多的商业逻辑是“人带人”，即通过分享拼团，将有着相同购物爱好的人聚到一起，将隐性需求与折扣化商品结合起来，以低价购买商品为“诱饵”，刺激消费者将商品链接分享到微信、微博、QQ 等社交平台，完成营销推广。

思考：你还能列举哪些社交电子商务的例子？

2．体验式 O2O 模式

体验式 O2O 模式是指传统电商在注重线上、线下融合的同时，更加关注消费者的体验需求的新零售模式。这种模式使传统电商将关注点从产品转向服务，促使其不断提升服务水平、商品质量及消费者的购物体验。

盒马 App 是阿里巴巴集团设立的以数据和技术驱动的新零售平台。盒马 App 采用线上下单、线下门店消费或配送的运作模式，其具有以下特点：① 汇集各类商品，商品价格与线下保持一致；② 线下门店集超市、餐饮、仓储等功能于一体，为消费者带来一站式购物体验；③ 运用大数据、云计算等技术，全面打通物流系统、会员系统和支付系统，为消费者提供便捷的、个性化的购物服务。

思考：盒马 App 体现了新零售的哪些优势？

任务考核

一、单选题

1．下列关于新零售的说法中，错误的是（　　）。

A．新零售是一种全新的零售业态

B．新零售以消费者体验为中心

C．新零售最主要的特征是线上与线下渠道的融合

D．新零售企业必须建立智能化的现代物流配送体系

2．实体企业转向新零售的模式不包括（　　）。

A．自建 B2C 平台

B．自建 App 客户端

C．社交电子商务

D．与第三方 B2C 平台合作

3．下列关于新零售交易流程的说法中，正确的是（　　）。

A．消费者不需要下载 App 并注册会员

B．消费者可以选择在 App 上付款，也可以选择到店支付

C．消费者可以选择物流配送，也可以选择到线下自提商品

D．新零售系统根据消费者的订单配货，统一进行物流配送

二、多选题

1．新零售的特征包括（　　）。

A．一体化渠道　　B．数字化经营

C．体验式购物　　D．智慧化物流

2．下列新零售模式中，属于实体零售企业向新零售转型的有（　　）。

A．自建 B2C 平台　　B．自建 App 客户端

C．社交电子商务　　D．与第三方 B2C 平台合作

3．下列新零售模式中，属于传统电商布局新零售的有（　　）。

A．直播电子商务　　B．体验式 O2O 模式

C．社交电子商务　　D．自建 B2C 平台

三、简答题

1．简述新零售的含义。

2．简述新零售的交易过程。

力学笃行

实践概述

选择一种新型商业经营模式，深入分析该种经营模式的优势和劣势，结合自身的资源和条件，模拟经营一家网店。

实践目的

加深对新型商业经营模式的理解，掌握电子商务的盈利模式，提高团队协作能力和创新能力。

实践准备

（1）学生分成若干小组（6～8 人为一组），并选出每组组长，每组结合自身资源和条件，选择经营的商品。

（2）根据经营商品的种类和目标消费者，选择一种新型商业经营模式，深入分析该种经营模式的优势和劣势。

实践过程

（1）查找开设网店所需要准备的资料，完成网店的注册和搭建工作，包括设置店铺的名称、标志、商品分类等。

（2）小组成员自行分工，各自负责相关的经营环节，如商品选择和采购、网店推广和营销、订单处理、售后服务等，模拟经营这家网店（若有条件，则可以实际经营一家网店）。

成果展示

（1）以小组为单位，分析本组所经营网店的盈利模式。

（2）选出 1 名小组成员代表，分享网店经营成果。

请根据实践情况，填写表 4-7 和表 4-8。

表 4-7　小组成员及分工情况

班级		组号		指导教师	
小组成员	姓名	学号	任务分工		
组长					
组员					

表 4-8　实践计划及实施情况记录

时间安排	实施情况
实践准备	
实践过程	
成果展示	

项目学习成果

请根据本项目的学习和实践情况，填写表 4-9。

表 4-9　项目学习成果评价表

<table>
<tr><td>姓名</td><td></td><td>班级</td><td colspan="2"></td><td>日期</td><td colspan="2"></td></tr>
<tr><td>学号</td><td colspan="3"></td><td colspan="2">指导教师</td><td colspan="2"></td></tr>
<tr><td>项目名称</td><td colspan="7">识别新型商业经营模式</td></tr>
<tr><td>评价维度</td><td>一级指标</td><td colspan="2">二级指标</td><td colspan="2">评价标准</td><td>分值</td><td>评分</td></tr>
<tr><td rowspan="3">知识评价</td><td rowspan="3">专业知识</td><td colspan="2">认识电子商务</td><td colspan="2">能够答对相应的习题，了解电子商务的含义、产生和发展、技术基础</td><td>10</td><td></td></tr>
<tr><td colspan="2">了解电子商务的类型</td><td colspan="2">能够答对相应的习题，了解电子商务的不同类型及其典型代表</td><td>15</td><td></td></tr>
<tr><td colspan="2">熟悉新零售</td><td colspan="2">能够答对相应的习题，熟悉新零售的含义与特征、交易过程和类型</td><td>15</td><td></td></tr>
<tr><td>能力评价</td><td>专业能力</td><td colspan="2">根据经营商品的种类和目标消费者，选择合适的商业经营模式</td><td colspan="2">能够根据所学知识，利用自身的资源和条件，注册一家网店并模拟经营</td><td>10</td><td></td></tr>
<tr><td rowspan="2">素养评价</td><td>商业素养</td><td colspan="2">具有创业意识和创业能力</td><td colspan="2">掌握经营网店的基本流程和核心技能</td><td>10</td><td></td></tr>
<tr><td>综合素养</td><td colspan="2">具有团队协作能力和沟通协调能力</td><td colspan="2">能够与小组其他成员配合完成实践活动</td><td>10</td><td></td></tr>
<tr><td rowspan="3">实践评价</td><td>实践准备</td><td colspan="2">制订实践计划</td><td colspan="2">小组成员分工明确，计划翔实，时间安排合理</td><td>10</td><td></td></tr>
<tr><td>实践过程</td><td colspan="2">经营网店</td><td colspan="2">小组成员共同努力，使网店正常运营</td><td>10</td><td></td></tr>
<tr><td>实践成果</td><td colspan="2">网店经营成果</td><td colspan="2">选派小组成员代表，分享网店经营成果</td><td>10</td><td></td></tr>
<tr><td colspan="6">总分</td><td>100</td><td></td></tr>
</table>

项目五

体验商业运营

项目导读

商业运营包含哪些环节？商品采购流程包括哪些步骤？商品销售流程包括哪些步骤？商业物流包含哪些基本活动？

本项目主要从商品采购、商品销售和商业物流3个方面阐述商业运营的重要环节，主要内容如图5-1所示。

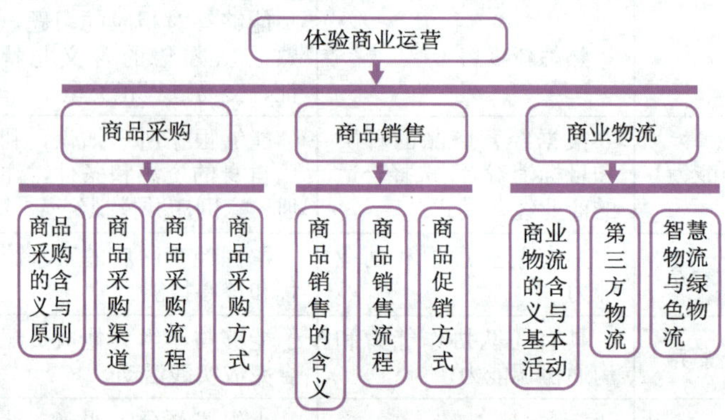

图5-1 知识框架图

学习目标

知识目标

（1）了解商品采购流程。

（2）熟悉商品销售流程和商品促销方式。

（3）熟悉商业物流的基本活动。

能力目标

（1）能够复述商业运营的全过程，并将所学知识应用于商业活动中。

（2）能够识别商业物流的基本活动，并掌握不同环节的工作要求。

素养目标

(1) 在商业经营中遵守法律法规，树立诚信经营的理念。

(2) 体验商业运营，感受商业活动为生活带来的便利。

任务一　了解商品采购

任务导入

胖东来是河南省的地方零售企业，近年来凭借极致的服务和人文关怀频频“出圈”。胖东来之所以火爆，不只是因为其独具特色的企业文化，还因为其强大的盈利能力。

通常情况下，国内大型连锁商超都是靠向供货商收取“通道费”(如入场费、促销费等) 来盈利。而胖东来始终贯彻自主采购策略，并积极开展自营业务，不断拓展茶叶、珠宝、医药等品类，增加自身盈利点。胖东来的管理人员称，凭借巨大的销量和超高的周转率，胖东来在采购商品时有很强的议价能力，可以采购到物美价廉的商品，从而获得较高的利润。

此外，早在 2001 年，胖东来就联合河南省多家具有较强影响力的零售企业一起采购，通过“多方联采”锁定更优惠的进货价格。

(资料来源：林勇，《胖东来为什么能一直“火”》，《中国食品报》，2024 年 3 月 18 日)

思考：胖东来采取的是哪种商品采购方式？

一、商品采购的含义与原则

(一) 商品采购的含义

商品采购是指商业企业在一定条件下，运用合适的采购策略，通过等价交换从市场上获取商品的经济活动。商业企业一方面需要积极满足消费者的需求，采购适销的商品；另一方面需要维护与供应商的合作关系，保证采购到的商品质优价廉。

(二) 商品采购的原则

商业企业要想采购适销对路、品质优良的商品，就需要遵循以下原则。

1. 以需定进

以需定进是指商业企业根据商品的需求状况来决定商品的采购情况。商业企业为卖而买，因此，其需要先确定市场需要什么商品、什么商品容易卖出去，再去采购。

以需定进原则要求商业企业对不同的商品采取不同的采购策略。

对于销量比较稳定、受外界因素干扰较小的日用品，商业企业可以采用以销定进策略，即卖什么就进什么，卖多少就进多少。

对于季节性商品，商业企业要先根据商品的销售周期或历史销售数据预测销量，再确定采购量，防止商品过期或积压。

对于新上市的商品，商业企业要先调研市场需求，再确定采购量。

2．勤进快销

勤进快销是指商业企业小批量、多品种、高频率地采购商品。商业企业为了最大限度地满足消费者需求，需要用有限的周转资金，扩大经营品种，以勤进促快销，从而提高资金的利用率和自身的经济效益。

3．以进促销

以进促销是指商业企业通过扩大采购渠道、购进新商品来吸引消费者。以进促销原则要求商业企业优选采购渠道，采购具有吸引力和市场竞争力的商品。销售商品时，商业企业还需要以适当广告宣传的形式引导消费者购买商品。

4．储存保销

储存保销是指商业企业要保持一定的商品库存量，及时采购，防止商品脱销。储存保销原则要求商业企业随时调查库存比例和商品的销售状况，以保证商品的及时供给。

5．保证质量

无论是从事批发业务还是零售业务的商业企业，都通过间接或直接向消费者销售商品来获取利润。商业企业只有保证商品质量，杜绝假冒伪劣产品，才能获得消费者的认可。

为此，商业企业在采购商品时应做到“五不采购一退货”，具体包括：① 不采购非名优商品；② 不采购假冒伪劣商品；③ 不采购无厂名、无厂址、无保质期的“三无”商品；④ 不采购无生产许可证、无产品合格证、无产品检验证的“三无”商品；⑤ 不采购流向不对的商品；⑥ 与样品不符合的商品，坚决退货。

6．信守合同

采购商品时，商业企业与供货商以签订购销合同的形式确定买卖关系，确保买卖双方的利益不受侵害。只要购销合同具有合法性和有效性，商业企业就应该信守合同。

沃尔玛实施科学的采购管理。首先，沃尔玛选择适销对路、质优价廉的商品，以满足顾客的需要。其次，沃尔玛能够保证供货。当店内某货位的商品售空时，售货员不能把其他商品摆过来，而是要贴上缺货告示，并加紧补货。最后，沃尔玛十分重视采购人员的品行。每位采购人员不仅要签一份廉洁诚实声明，还要经常接受廉洁诚实培训。若供货商请吃饭或送礼品，采购人员一概不能接受。

思考：上述案例体现了商品采购的哪些原则？

二、商品采购渠道

商品采购渠道是商业企业采购商品所经过的环节和路线。一般来说，商业企业选择商品采购渠道时需要遵循以下原则（见表 5-1）。

表 5-1　商品采购渠道的选择原则

原则	具体做法
环节精简	尽量压缩进货环节，优先选择从生产企业或产地批发企业处采购
路线最短	在商品价格相近的情况下，应就近采购
节省成本	综合考虑运输工具、在途时间等因素，选择成本最低的渠道
稳定可靠	选择可靠的供应商，建立长期稳定的采购渠道

商品采购渠道种类繁多，不同的商业企业有不同的特点，其商品采购渠道也不尽相同。常见的商品采购渠道有以下几种。

（一）直接渠道

商业企业可以直接从生产企业处采购。这种方式减少了中间环节，降低了流通成本，同时还可以扩大货源，增加商品的可选择性。

（二）批发渠道

商业企业可以从批发交易市场中采购。批发交易市场里集中了大量不同种类的商品，商业企业可以根据自身需求选择合适的商品，但商品的质量参差不齐，商业企业在采购时应注意对比商品的质量和价格，确保采购到的商品质优价廉。

（三）电商平台

随着电子商务的发展，越来越多的商业企业从电商平台采购商品。电商平台提供了丰富的货源和便捷的采购方式。商业企业可以在线浏览商品，比较价格，从而大大提高采购效率。

三、商品采购流程

商品采购流程

商品采购流程包括签订购销合同阶段和提货入库及付款阶段，具体如图 5-2 所示。

签订购销合同阶段：确定商品采购品种 → 选择供应商 → 业务洽谈 → 签订购销合同

提货入库及付款阶段：收取发票及提货单（订货单） → 提货（送货） → 办理入库手续 → 支付货款

图 5-2　商品采购流程

（一）确定商品采购品种

商业企业确定商品采购品种受消费者的需求、所在地区的特点、商业企业的经营范围等因素的影响。

首先是消费者的需求。消费者的数量、结构、购买力、偏好等不同，消费者的需求也不相同。例如，生鲜超市和综合超市的目标消费者的购买力不同，其采购的商品会有档次上的区别。

其次是所在地区的特点。商业企业应采购符合所在地区特点的适销商品。客流量的大小和周边环境会影响适销商品的种类。例如，位于车站的便利店适合销售食品、土特产、日用品、报刊等；位于市中心的便利店适合销售创意商品、潮流商品；位于居民区的便利店适合销售食品、农副产品和日用品等。

最后是商业企业的经营范围。商业企业往往根据经营范围编写商品经营目录，作为采购人员采购的依据。

（二）选择供应商

商业企业选择供应商受商业企业在流通过程中所处的环节、商业企业的采购批量、采购综合效益等因素的影响。

首先是商业企业在流通过程中所处的环节。一般来说，产地批发企业向生产企业采购，销地批发企业向产地批发企业采购，零售企业向销地批发企业采购。

其次是商业企业的采购批量。采购批量大的销地批发企业和零售企业都有可能越级直接向生产企业采购。

最后是采购综合效益。在实际采购中，商业企业往往从综合效益的角度出发，挑选那些采购价格低、批量合适、送货快、服务好的供应商。例如，小型便利店不会为了降低肥皂进价，直接从肥皂厂大批量进货。

（三）业务洽谈

在业务洽谈中，采购人员应该了解对方的实际情况，在价格、返利、费用、促销、后勤、付款条款等方面有针对性地做好准备；还应明确自己的谈判目标，包括最高目标、合理目标和最低目标；最后利用谈判技巧，促使双方达成合作。

（四）签订购销合同

买卖双方达成一致意见后，应尽快签订购销合同。购销合同应符合法律规定，一式两份，由买卖双方签字、盖章。

（五）收取发票及提货单（送货单）

买卖双方采取提货制时，供应商开出发票及提货单（即销售发货单），商业企业收取发票及提货单；买卖双方采取送货制时，供应商一方面准备发货，另一方面开出发票及送货单，商业企业收取发票和送货单。

（六）提货（送货）

买卖双方采取提货制时，商业企业凭供应商出具的提货单到其指定仓库提货；买卖双方采取送货制时，供应商负责把货送到商业企业指定仓库，并由商业企业验收后签收。

（七）办理入库手续

商品送达商业企业仓库后，由仓库管理人员清点商品数量，核对商品的规格、包装。如果清点无误，采购人员填写收货单；如果有误，仓库管理人员及时填写收货差错单，并让供应商的送货员签字确认。

仓库管理人员在商品验收入库后应记录存档，并按照商品销售情况及时调整商品的摆放位置、陈列方式等。

（八）支付货款

商业企业一般是货到付款，但有时候按照购销合同可以延期付款或预付款。总之，商业企业要严格按照购销合同支付货款。

四、商品采购方式

商品采购方式主要有以下 4 种。

（一）集中采购

集中采购是指商业企业的采购部门全权负责商品采购，其他各部门只负责填报订货单和销售的采购方式。

集中采购具有以下优点：① 少数人员负责全部采购事项，可以节约人力成本和资金成本；② 可以凭借大批量采购获取折扣；③ 有利于各部门集中精力，做好商品销售工作。

集中采购也有不足之处，如采购与销售脱节、内部调拨手续复杂等。因此，集中采购适用于中小型商业企业，不适用于大型商业企业。

（二）分散采购

分散采购是指商业企业的各部门直接负责商品的采购，商业企业根据各部门的销售状况来调节资金的分配和使用的采购方式。

分散采购具有以下优点：① 各部门了解本部门的销售动态，了解消费者偏好，可以及时采购适销对路的商品，节省时间；② 有利于加速资金周转，提高经营效率；③ 充分发挥各部门工作人员的主动性和积极性。

分散采购的缺陷有以下几个方面：① 采购业务分散，不利于统一管理；② 需要投入较多的人力和资金；③ 加大了各部门工作人员的负担，不利于提高服务质量。

因此，分散采购比较适合规模较大、就近采购的商业企业。

（三）集中采购与分散采购相结合

集中采购与分散采购相结合的方式一般适合大型商业企业，其特点是就近采购时由各部门分散采购，到外地采购时则由商业企业集中采购。这种综合方式有利于商业企业集中统一管理采购业务，节约人力成本和资金成本，充分发挥各部门工作人员的积极性。如果在采购时加强计划性和衔接性，集中采购与分散采购相结合就能充分发挥两种采购方式的优势，避免两种采购方式的劣势。

（四）委托采购

委托采购主要适用于中小型商业企业。这类商业企业因为规模相对较小，所购商品种类较多而批量较小，加上手续复杂，没有专人负责采购，通常会委托中间商代为采购，付给对方一定代理费即可。采用委托采购方式时，商业企业必须严格检查采购商品的质量、规格、品种，对不符合采购标准的商品坚决退货。

任务考核

一、单选题

1. 下列关于商品采购原则的说法中，错误的是（　　）。

A. 对于销量比较稳定、受外界因素干扰较小的日用品，商业企业可以以销定进

B. 对于季节性商品，商业企业要先根据商品的销售周期或历史销售数据预测销量，再决定采购量

C. 商业企业要保持一定的商品库存量，以保证商品的及时供给

D. 商业企业应大批量、多品种、高频率地采购商品

2. 规模较大、就近采购的商业企业，应采用（　　）的方式。

A. 集中采购　　B. 分散采购

C. 集中采购与分散采购相结合　　D. 委托采购

3. 商业企业从（　　）进货既减少了中间环节，降低了流通成本，又可以扩大货源，增加商品的可选择性。

A. 电商平台　　B. 生产企业

C. 批发交易市场　　D. 配送中心

二、多选题

1．商业企业选择商品采购渠道时应遵循的原则包括（　　）。

A．环节精简　　B．路线最短

C．稳定可靠　　D．节省成本

2．在确定商品采购品种时，商业企业需要考虑的因素包括（　　）。

A．消费者的需求　　B．商业企业在流通中所处的环节

C．所在地区的特点　　D．商业企业的经营范围

三、简答题

1．简述商品采购流程。

2．简述集中采购的优点。

任务二　熟悉商品销售

任务导入

蜜雪冰城是中国茶饮行业第一家拥有万店规模的企业，它的成功并非偶然。

作为国内主攻下沉市场的茶饮企业，蜜雪冰城被称为“奶茶届的拼多多”，它的热门产品包括 3 元的冰激凌、4 元的柠檬水和 6 元的珍珠奶茶。相较于其他茶饮企业动辄几十元一杯的价格，蜜雪冰城的产品在价格上具有很强的竞争优势。

在实际经营过程中，很多茶饮企业都将食品添加剂视为洪水猛兽，大力宣传其采用鲜榨技术、萃取茶叶原汁、选用新鲜牛奶等特色，借此提升品牌格调。蜜雪冰城反其道而行之，它将调制奶茶的主要原料，如奶昔粉、水果味糖浆等直接堆放在店中，当着消费者的面用奶浆调制奶茶。通过直接展示原料，蜜雪冰城能够使消费者直观感受产品的成本构成，让消费者感受到品牌的真诚和透明，从而增加他们的信任度和忠诚度。

（资料来源：梅熙语，《基于 4P 营销理论的蜜雪冰城营销策略探析》，《新闻文化建设》，2021 年 9 月 15 日）

思考：蜜雪冰城为何能够成功？

一、商品销售的含义

商品销售是指商品所有者以收取货币为条件，把商品所有权让渡给消费者，从而实现商品价值形态转化的经济活动。本任务所讲的商品销售特指商业企业销售商品的活动。

二、商品销售流程

商品销售流程包括售前准备、售中服务和售后盘点，如图 5-3 所示。

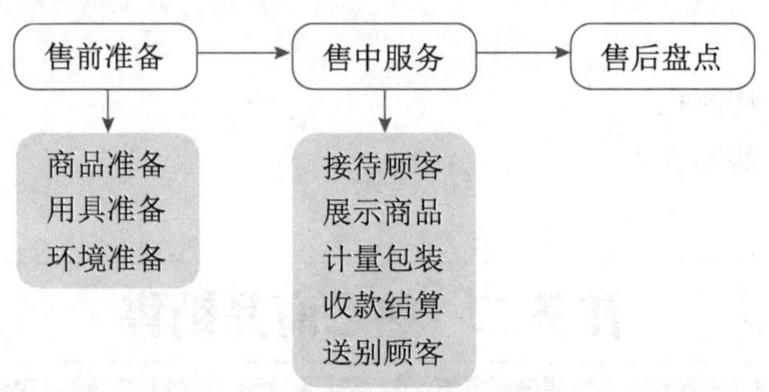

图 5-3 商品销售流程

（一）售前准备

售前准备工作包括商品准备、用具准备和环境准备。

1．商品准备

为了满足消费者的需求和日常销售的需要，销售人员在准备商品时，要做到“库有柜有”，商品花色、品种、规格齐全，数量充足；在销售过程中，要随时检查和整理，补齐备足商品，保证当天的供应；在摆放商品时，要布局均衡，一目了然，能够引起消费者的注意，且方便消费者挑选，进而使消费者产生购买行为。

2．用具准备

销售人员需要准备计量用具和辅助用具。

计量用具主要包括秤、尺、量器 3 大类。计量用具应符合国家标准，统一使用公制单位。销售人员应每天检查计量用具是否齐全，及时校正和擦拭。

辅助用具的种类很多，销售人员应按辅助工具的种类做好准备工作。例如，对于接触食品的用具，销售人员要注意消毒，以保证卫生；对于测量和检验各种商品质量和性能的用具（如试电笔、万用表等），销售人员要注意检查和校正；对于包装商品的用具（如纸、袋、盒、绳等）和计价的用具（如计算器、圆珠笔等），销售人员要注意及时补充，妥善保管。

3．环境准备

销售人员应在营业前布置销售环境，保证环境卫生、温度适宜、光线充足、通风良好。

思考与讨论

现实生活中，除了上述准备工作，销售人员在营业前还需要做哪些准备？

（二）售中服务

售中服务主要包括以下几项。

1. 接待顾客

销售人员要保持着装整齐、精神饱满、仪态大方，要善于识别目标消费者，并妥善接待。对于有明确购买需求的消费者，销售人员应主动向其打招呼，并根据其需求提供服务；对于无明确购买需求的消费者，销售人员应让其自主挑选商品，当其对某种商品产生购买兴趣时，销售人员再推荐商品。

2. 展示商品

销售人员在展示、介绍商品时，要耐心地为消费者介绍商品的性能、特点、质量、价格、使用方法和售后服务等，从而促使其做出购买决策和行为。例如，销售人员可以向消费者展示不同花色和款式的服装，并鼓励消费者试穿，让消费者充分选择。

销售人员在展示商品时，要做到以下几点：① 实事求是；② 态度诚恳；③ 讲究方式；④ 有问必答，做到“百拿不厌，百问不烦”。

3. 计量包装

当消费者选好商品后，销售人员要迅速做好计量包装工作。在计量时要做到“秤平量够”，在包装时要做到美观、结实。商业企业要尽量使用印有店名、地址和经营范围的包装纸或塑料袋，以起到广告宣传的作用。

4. 收款结算

包装好商品后，销售人员要开票收款。销售人员要有礼貌地收款结算，务必笔笔无差错。目前，大部分商业企业都采用电子收款机。电子收款机能够打印发票和提供各种营业数据，有利于提高收款速度和减少差错。销售人员要向消费者报应收货款总额和实际收到消费者交付的金额，如果消费者是现金结算，销售人员还应该报应找消费者的零钱数。

5. 送别顾客

消费者离店时，销售人员要有礼貌地送别。销售人员可以在消费者离店时，主动说“欢迎再来”“慢走”等，以语言的方式送别；也可以向消费者点头示意、笑脸相送或目送消费者离店，以行动的方式送别。即使没有达成交易，销售人员也应该表示对消费者的重视和关心。

（三）售后盘点

售后盘点是商品销售活动的重要环节，对于加强商品管理，保证商品、货款的安全具有十分重要的意义。

在盘点前，盘点人员要做好准备工作，整理好有关凭证，并与会计核对好账目，整理好货架商品。在盘点时，盘点人员一定要做到商品“搬家”，逐项清查，认真点数，防止重盘和漏盘，还要填写“商品盘点表”，计算每件商品的售价金额并加以汇总，与会计账核对。如果结果与财务部门记录的库存商品结余的数量与金额相同，则说明盘点正确，账实相符；如果发现有货款不符或账货不符的现象，则说明发生了商品和销货款的溢余或短缺问题，要进一步妥善处理。

三、商品促销方式

商品促销方式

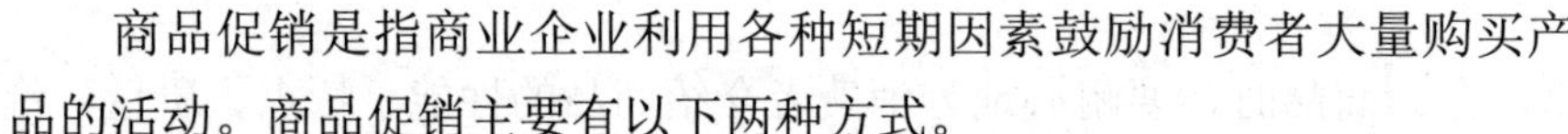

商品促销是指商业企业利用各种短期因素鼓励消费者大量购买产品的活动。商品促销主要有以下两种方式。

（一）售点广告

售点广告是一种在实体店内以各种形式展示的广告物和产品模型。这些广告可以布置在天花板、橱窗或通道内，是一种高度直观且具有吸引力的促销媒介。售点广告的针对性强，不仅能激发消费者的购买兴趣，还能宣传产品和美化企业形象。需要注意的是，商业企业必须紧密结合自身行业、营销策略、产品特点、售点位置等因素选取恰当的投放时机，统一并细化操作标准，使广告投放和促销活动保持一致。

（二）人员导购

人员导购是指工作人员通过讲解和演示等方式向消费者介绍产品，激发消费者的兴趣，促使其现场购买产品的促销方式。通过这种促销方式，商业企业可以了解消费者的反馈，获得第一手资料，从而改进营销策略。需要注意的是，导购人员应具有较高的综合素质和一定的专业技能，这样才能达到理想的效果。

很多人都有过在实体店被导购加微信的经历，也收到过各类促销信息，甚至有过直接在微信上完成逛店下单的经历。这是目前鞋服类企业最常见的促销方式之一。导购通过与消费者建立联系和信任，为其提供更高效、精准的服务，从而有效提高商品销量。

“刚开始觉得很烦，每个导购都想加我的微信，有时候明明人就在店里，还让我在手机上下单，”消费者小吴细数她最常光顾的几家服装店，“后来发现加了导购的微信，逛街就可以不用考虑商场的关门时间了。我只需要选好衣服的款式和码数，在手机上下单，就可以在家等着收货了。而且导购是一对一的人工客服，不是糊弄消费者的机器人。”

思考：上述促销方式为什么能够有效提高商品销量？

任务考核

一、单选题

1. 下列关于商品销售流程的说法中，错误的是（　　）。
   A. 售前准备工作包括商品准备、用具准备和环境准备
   B. 清扫、整理售货场所的环境，不属于售前准备
   C. 销售人员在展示、介绍商品时，要耐心地为消费者介绍商品的性能
   D. 消费者离店时，销售人员要有礼貌地送别
2. 下列关于用具准备的说法中，错误的是（　　）。
   A. 对于接触食品的用具，销售人员要注意消毒，以保证卫生
   B. 对于测量和检验各种商品质量和性能的用具，销售人员要注意检查和校正
   C. 对于包装商品的用具，销售人员要及时补充，妥善保管
   D. 对于计价的用具，销售人员可以不用检查

二、多选题

1. 商业企业的售中服务包括（　　）。
   A. 商品准备　　B. 展示商品
   C. 计量包装　　D. 收款结算
2. 销售人员在展示商品时，应该（　　）。
   A. 实事求是　　B. 态度诚恳
   C. 适当夸大　　D. 有问必答

三、简答题

1. 简述商品销售流程。
2. 简述商品促销方式。

任务三 熟悉商业物流

任务导入

我国拥有全球规模最大的物流市场。第六次全国物流园区调查显示，全国规上物流园区（占地面积超过 10 万平方米的物流园区）超过 2 500 个，国家物流枢纽达到125 个，示范物流园区达到 100 个，国家骨干冷链物流基地达到 66 个。中西部地区补齐物流设施短板的措施初现成效，物流行业布局海外仓等跨境物流设施的速度加快。

随着现代物流体系制度的逐渐完善，现代物流在国民经济中的地位持续提升。为支持物流行业发展，我国从以下几个方面积极推进物流降成本工作：大宗商品仓储用地土地使用税和挂车购置税减半；交通物流领域金融支持政策延续实施；鲜活农产品运输“绿色通道”政策进一步优化；高速公路差异化收费、新能源商品汽车铁路运输获得政策支持，一批便利通关、便利通行政策得到推广。

（资料来源：王善涛，《我国 2023 年快递业务量达 1 320 亿件 连续十年稳居世界第一》，央视新闻，2024 年 1 月 20 日）

思考：我国物流行业呈现怎样的发展趋势？

一、商业物流的含义与基本活动

（一）商业物流的含义

商业物流是指商品实体及其附属物从商业企业向消费者流动的过程，是商业活动的重要环节。商业物流的含义包括以下几个方面的内容。

第一，商业物流中的“物”既可以是有形物，也可以是无形物。有形物是指商品实体及其附属物，无形物是指与物流活动相关的各种信息。

第二，商业物流中的“流”是指“物”的实体位移，是商品运输、商品储存、商品包装、装卸搬运、流通加工、商品配送、信息处理等活动共同作用的结果。

第三，商业物流以商业企业为依托，与商品交换相联系，仅涉及流通领域，不涉及生产领域。

（二）商业物流的基本活动

商业物流的基本活动主要包括商品运输、商品储存、商品包装、装卸搬运、流通加工、商品配送、信息处理等方面。

1. 商品运输

商品运输主要完成商品的空间位移，它是商业物流的核心。

商业企业依据商品自身的特点和商业购销业务的具体要求，可以选择铁路、公路、水路、航空、管道等不同的运输方式。各种运输方式的特点如表 5-2 所示，商业企业可根据实际情况选择一种或几种运输方式。

表 5-2　各种运输方式的特点

运输方式	优点	缺点	适用商品
铁路	运量较大，速度较快，运价较低，安全可靠	机动性差，除非自备专用线，否则难以送货上门	适合大批量、品种单一、长距离的商品运输，如煤炭、木材、钢材、水泥、粮食、化肥等，冷冻食品、鲜活商品也可以采用铁路运输
公路	机动灵活，可以送货上门	运量较小，运价较高	适合中小批量商品的中短距离运输，尤其是鲜活易腐商品的运输，如水果、蔬菜、鲜鱼、鲜肉等
水路	运量大，运价低	速度较慢，受自然条件和水运状况的影响	适合对时效性要求低的大批量、散装商品的长途运输
航空	速度最快	运量小，运价高	适合运量不大、对时效性要求高的贵重商品的运输
管道	运价较低，安全可靠，不受自然条件影响	机动性差	只能运输特定的商品，如石油、天然气等

2. 商品储存

商品储存是指商业企业利用仓库及相关设备开展的商品入库、保管、出库活动。商品储存是商业物流的重要环节，主要包括储存管理和商品养护两个方面的内容。

储存管理要依据“储存多、进出快、保管好、损耗小、费用省、保安全”的总要求，做好储存计划管理、入库管理、在库管理、出库管理和安全管理。

商品养护的目的在于最大限度地保存商品的使用价值，避免各种因素对商品实体的损害，尽量减少商品损耗，使商品在转移给消费者后能够满足消费者对商品效用的要求。

知识纵横

不同商品的养护要点

不同商品的养护要点有所不同。一般商品的养护要点是防尘、防晒；棉毛织品、丝织品、化纤、皮革、粮食、食品、烟酒、肉类、鱼类、蛋类等商品的养护要点是防霉、防腐；各种金属制品，特别是钢铁材料及其制品的养护要点是防腐蚀；各种有害品与腐蚀品的养护要点是防毒害、防腐蚀；高分子材料及其制品，如塑料、橡胶、合成纤维等的养护要点是防老化、防变质；对温度和湿度敏感的商品的养护要点是控制温度和调节湿度。

3．商品包装

商品包装是指在商品生产和流通过程中，为了保护商品、方便储运、促进销售，商业企业采用一定的容器、物料对商品实体加以处理的操作活动。

不管在生产领域还是流通领域，商品包装都很重要。一方面，商品包装能够保护商品，提升商品的使用价值；另一方面，商品包装具有宣传功能，可以表现商品的美感，激发消费者的购买欲望。

4．装卸搬运

装卸是指在同一地域范围内，改变商品存放状态的操作活动；搬运是指在同一地域范围内，改变商品空间位置的操作活动。一般来说，存放状态和空间位置总是密不可分的，因此，在商业物流中，装卸和搬运也总是密切结合的。

商业企业应以尽可能少的人力和物力，高质量、高效率地完成装卸搬运工作。一般而言，其应遵循以下原则：① 减少装卸搬运次数；② 缩短装卸搬运距离；③ 缩短装卸搬运时间；④ 提高装卸搬运质量；⑤ 降低装卸搬运成本。

5．流通加工

流通加工是指在商品生产和流通过程中，为了保证商品质量、提高物流效率、促进商品销售，商业企业对商品做一些必要的加工（如包装、分割、计量、分拣、贴标签、组装等）的操作活动。流通加工是商业物流的基本活动之一，是社会分工深化的产物。

常见的流通加工如下：① 生鲜食品的流通加工，如冷冻加工、分选加工、精制加工、分装加工等；② 燃料流通加工，如煤炭制浆、天然气和石油气液化加工等；③ 木材流通加工，如磨制木屑、压缩并输送给造纸厂等；④ 平板玻璃加工；⑤ 钢板剪裁及下料加工；⑥ 机械产品及零配件的流通加工，如自行车、机电设备等的组装加工。

6．商品配送

商品配送是指在经济合理区域内，根据消费者的订货要求，商业企业对多品种、大批量的商品进行分拣、组配，并按时将配好的商品安全、准确地送达指定地点的物流活动。

一般来说，商品配送具有以下几个方面的特点。

第一，商品配送限定在经济合理区域范围内。商业企业从经济合理的角度来划分配送区域，建立高效、快捷的配送网络，降低配送成本。

第二，商品配送以消费者需求为出发点。商业企业根据消费者的订货要求，将商品送达指定地点。

第三，商品配送是“配”和“送”的有机结合。“配”是对商品的分拣、组配，“送”是以各种方式将商品送达指定地点。“配”是“送”的前提和条件，“送”是“配”的实现与完成，两者相辅相成，缺一不可。

第四，商品配送强调时效性。商业企业应按照约定，在指定的时间和地点完成商品交付。

知识纵横

商品配送与商品运输的区别

商品配送和商品运输都属于运输的范畴，但两者存在明显的区别，如表 5-3 所示。

表 5-3　商品配送与商品运输的区别

区别	商品配送	商品运输
运输距离	多为短距离支线运输，通常在同一城市或同一地区内进行，活动范围较小	多为长距离干线运输，通常在不同城市、不同地区甚至不同国家间进行，活动范围较大
运输对象	通常是小批量、多品种的商品	通常是大批量、少品种的商品
运输工具	多采用短途运输工具，如快递汽车、电动三轮车等	多采用长途运输工具，如火车、卡车、船舶、飞机、管道等
运输方式	公路运输	铁路运输、公路运输、水路运输、航空运输、管道运输
评价标准	服务质量	运输效率
功能	集运输、储存、包装、装卸搬运、流通加工于一体	单一

知行合一

以小组为单位，查找关于商品配送的资料，并模拟商品配送过程。

7. 信息处理

商流信息与物流信息共同构成商品流通的信息流。一般来说，商流信息主要是与商品交易、市场供求等有关的信息，如货源信息、资金信息、合同信息等；而物流信息则主要是与商品实体运动有关的信息，如运输信息、库存量信息、物流费用信息等。两者密切相关，相互作用。

二、第三方物流

第三方物流是常见的商业物流形式。商业企业将物流服务外包，可以节省大量资金和人力，专注于提升产品和服务的质量。

（一）第三方物流的含义

第三方物流是指独立于供求双方以外的，提供专项或全面的物流系统设计或系统运营的物流服务模式。第三方物流企业除具备储存、运输、配送等基本功能外，还具备开发物流系统、交换物流数据、管理物流信息、物流咨询和设计等功能。

思考与讨论

你知道哪些第三方物流企业？

（二）第三方物流企业的类型

根据提供的服务不同，第三方物流企业可以分为资产型物流企业、管理型物流企业和综合型物流企业。

1. 资产型物流企业

资产型物流企业主要通过运用自己的资产来提供专业的服务，其提供的服务主要是运输、储存、物流系统设计等。资产型物流企业以其所拥有的丰富的硬件资源，为商业企业解决商品储存与配送等问题。

博学慎思

中铁物流集团是典型的资产型物流企业，拥有丰富的硬件设施，为企业和个人提供物流服务，其业务涵盖一体化物流、快运、仓储管理、速递、铁路运输、航空运输等。

中铁快运股份有限公司（以下简称“中铁快运”）隶属于中铁物流集团。中铁快运创新推出了“高铁急送”业务，即采用“即收、即运、即送”的方式，在国内主要城市间，以高铁动车组为主要干线运力，高效衔接同城取送骑手，实现最快 4 小时“门到门”当日达。自开始运营以来，这项业务因时效快、安全性高，受到客户一致好评。

思考：上述案例说明资产型物流企业具有哪种优势？

2. 管理型物流企业

管理型物流企业主要提供物流的策划、管理、咨询等服务，以相关软件服务见长。这类第三方物流企业以其专业的物流知识和管理水平，为商业企业提供整套的物流解决方案，并针对物流实施过程中的问题提供解决方法。

S 公司是典型的管理型物流企业，其主要业务是为跨境出口电商量身定制国际派送方案，并提供稳定、快捷的直发物流服务和售后服务。

S公司能够在中国境内的185个城市实现上门揽收，并提供目的地预分拣、出口报关、国际运输、进口清关、终端配送及物流轨迹追踪等整体服务，能进一步降低跨境出口电商的物流管理成本，提高物流派送时效，提升消费者的购物体验。

思考：上述案例说明管理型物流企业具有哪种优势？

3．综合型物流企业

综合型物流企业兼具资产型物流企业和管理型物流企业的能力，既拥有必要的物流设施，又能够提供专业的物流管理、咨询服务，能够承担各种物流业务。随着物流行业的发展，综合型物流企业将成为未来物流行业的主力。

（三）第三方物流的作用

第一，使用第三方物流，可以让商业企业集中精力于核心业务。商业企业的资源是有限的，借助第三方物流，商业企业可以把资源集中于核心业务，有利于商业企业的长期发展。

第二，提高作业效率，降低运营成本。普通的商业企业通常很难拥有并及时更新自己的物流技术和设备，而第三方物流企业拥有完善的物流设施、专业的物流作业人员、高素质的物流管理团队、高效的物流信息系统和健全的协调与沟通机制，可以不断更新物流技术和设备，从而以一种更快速、更具成本优势的方式提供物流服务。

第三，第三方物流企业可以提供灵活多样的服务，如系统设计服务、咨询服务等。这些服务能够为消费者带来更多的附加价值，提高消费者的满意度。

三、智慧物流与绿色物流

什么是智慧物流

商业物流未来的发展方向是智慧物流和绿色物流。

（一）智慧物流

智慧物流是指通过运用大数据、云计算、物联网等新兴技术，物流系统能模仿人的智慧，具有感知、学习、推理判断和自行解决物流活动中某些问题的能力，从而实现对物流活动的精细化、动态化、可视化管理，并提高物流效率的现代化物流模式。

1．智慧物流的特点

1）智能化

智能化是智慧物流的典型特点，体现在物流活动的全过程。智慧物流通过新兴技术，可以实现对物流活动全过程的自动化与智能化管理，主要表现为对需求与库存的精准预测、车辆的智能调度、运输线路的科学规划、装卸搬运作业的自动控制等。

2）柔性化

在智慧物流模式下，物流企业可以根据商业企业或消费者的个性化需求制订具有针对性的物流服务方案，并实时监控方案的实施情况，适时调整方案，从而提供可靠、优质的物流服务。

3）协同化

在智慧物流模式下，不同物流企业可以加强协作，促进物流资源的合理配置。

2．智慧物流的功能

1）即时感知功能

智慧物流能够实时采集与传输物流活动的数据，使参与物流活动的各方都能实时、准确地掌握商品、运输工具和仓库等的相关信息。例如，商业企业可以通过 GIS 和 GPS 实时跟踪商品的运输状态。

2）智能分析功能

智能分析是指物流企业利用 AI 等技术实时分析物流活动数据，挖掘数据特点，监控数据状态，从而及时发现物流运作过程中的漏洞或薄弱环节。

3）科学决策功能

在智慧物流模式下，物流企业通过综合分析运输时间、物流成本、服务能力及其他信息，能够预测物流需求、规划运输线路、制订配载方案、评估风险概率等，从而制订科学、合理的物流方案。

智慧物流让货物“跑”得更快

走街串巷的快递小哥，高效灵活的智能设备，按时抵达的快递包裹……物流行业一头连着生产供给，另一头连着消费需求，被称为经济发展与消费活力的晴雨表。得益于大数据、物联网、人工智能等技术的助力，中国物流行业高速增长，快递“越跑越快”。

在北京空港智慧物流园的鲸仓北京一号智享仓，每件商品一入库就被贴上一个带有二维码的标签，相当于商品有了自己特定的“身份证”。当接到订单时，仓库管理系统就会自动发出指令，命令智能机器人立即精准定位商品的存放位置，并快速将其转运到拣货台。

如今，物流服务运营模式不断创新，智慧物流的应用场景更加多元。相关专家介绍，智慧物流由简单室内场景转向复杂室外场景，并依靠多设备协同实现全局无人化，让物流服务从“最后一千米”延伸至“最后一米”。物流企业大力提升数字化运营水平，加快运用全自动分拣、无人仓、无人车、无人机等设备和技术，提升寄递服务时效。

（二）绿色物流

绿色物流是指物流企业通过充分利用物流资源、采用先进的物流技术，合理规划和实施运输、储存、包装、装卸搬运、流通加工、配送、信息处理等物流活动，降低物流活动对环境影响的物流服务模式。

绿色物流包括以下几个方面内容。

1．集约资源

这是绿色物流的本质，也是物流行业发展的重要指导思想之一。物流企业通过整合现有资源，优化资源配置，提高资源利用率，减少资源浪费。

2．绿色运输

运输过程中的燃油消耗和尾气排放是物流活动造成环境污染的主要原因。因此，物流企业要合理布局与规划运输线路，缩短运输线路，提高车辆装载率，从而实现节能减排的目标。此外，物流企业还要注重对运输车辆的养护，使用清洁燃料，从而降低能耗，减少尾气排放。

3．绿色仓储

绿色仓储一方面要求物流企业的仓库选址合理，节约运输成本；另一方面要求物流企业的仓储布局科学，实现仓储面积利用的最大化，减少仓储成本。

4．绿色包装

绿色包装要求物流企业使用回收利用率高的包装材料，控制资源消耗，避免环境污染。

任务考核

一、单选题

1．下列关于商业物流的说法中，错误的是（　　）。

A．商业物流是指商品实体及其附属物从商业企业向消费者流动的过程

B．商业物流不仅涉及流通领域，还涉及生产领域

C．商业物流以商业企业为依托，与商品交换相联系

D．商业物流中的“物”，既可以是有形物，也可以是无形物

2．下列关于商品运输方式的说法中，错误的是（　　）。

A．铁路运输的优点是运量较大，速度较快，运价较低，安全可靠

B．公路运输适合中小批量商品的中短距离运输，尤其是鲜活易腐商品的运输

C．水路运输的缺点是速度较慢，受自然条件和水运状况的影响

D．航空运输的优点是运量大，不受自然条件影响

3．下列关于商品配送的说法中，正确的是（　　）。

A．商品配送限定在经济合理区域范围内

B．商品配送不强调时效性

C．商品配送以商业企业为出发点

D．商品配送主要是“送”的活动

二、多选题

1．商品储存管理的总要求包括（　　）。

A．进出快　　B．损耗小

C．费用省　　D．储存少

2．下列关于第三方物流的说法中，正确的有（　　）。

A．使用第三方物流，可以让商业企业集中精力于核心业务

B．资产型物流企业是未来物流行业的主力

C．第三方物流企业可以提供灵活多样的服务

D．第三方物流企业只具备储存、运输、配送等基本功能

3．下列关于绿色物流的说法中，正确的有（　　）。

A．物流企业通过整合现有资源，优化资源配置，提高资源利用率，减少资源浪费

B．物流企业通过新兴技术，可以实现对物流活动全过程的自动化与智慧化管理

C．物流企业要合理布局与规划运输线路，缩短运输线路，提高车辆装载率，从而实现节能减排的目标

D．物流企业要注重对运输车辆的养护，使用清洁燃料，从而降低能耗，减少尾气排放

三、简答题

1．简述商业物流的基本活动。

2．简述第三方物流的作用。

力学笃行

实践概述

依托项目四“力学笃行”中模拟经营的网店，模拟从商品采购到将商品送到消费者手中的全过程。

实践目的

体验商业运营，将所学知识运用于实践，加深对商品采购、商品销售和商业物流的理解。

实践准备

（1）学生分成若干小组（6～8 人为一组），并选出每组组长。

（2）延续项目四中的商品经营类目，根据所选商业经营模式，选择合适的采购策略和采购渠道。

（3）根据经营商品的特点，选择合适的商品促销方式。

实践过程

（1）小组成员模拟商品采购和商品销售过程。

（2）小组成员分别负责商业物流的某个环节，采取合理的方式将商品送到消费者手中。

（3）录制上述实践过程，并制作成短视频。

成果展示

（1）选出 1 名小组成员代表，以视频的方式分享小组成员模拟商业运营的全过程。

（2）小组成员根据实践情况，撰写活动心得。

请根据实践情况，填写表 5-4 和表 5-5。

表 5-4　小组成员及分工情况

班级		组号		指导教师	
小组成员	姓名	学号	任务分工		
组长					
组员					

表 5-5　实践计划及实施情况记录

时间安排	实施情况
实践准备	
实践过程	
成果展示	

项目学习成果

请根据本项目的学习和实践情况，填写表 5-6。

表 5-6　项目学习成果评价表

姓名		班级			日期	
学号			指导教师			
项目名称	体验商业运营					
评价维度	一级指标	二级指标	评价标准	分值	评分	
知识评价	专业知识	了解商品采购	能够答对相应的习题，了解商业采购的含义、原则、渠道、流程和方式	10		
		熟悉商品销售	能够答对相应的习题，熟悉商品销售的含义与流程、商品促销方式	15		
		熟悉商业物流	能够答对相应的习题，熟悉商业物流的含义与基本活动、第三方物流、智慧物流与绿色物流	15		
能力评价	专业能力	识别商业物流的基本活动	能够识别商业物流的基本活动，并掌握不同环节应该遵循的工作原则	10		
素养评价	商业素养	具有商品采购和销售的基本能力	了解商品采购和销售的流程，掌握具体的工作步骤和工作要点	10		
	综合素养	具有团队协作能力和沟通协调能力	能够与小组其他成员配合完成实践活动	10		
实践评价	实践准备	制订实践计划	小组成员分工明确，计划翔实，时间安排合理	10		
	实践过程	体验商业运营	小组成员能够合作采购、销售商品，并将商品送到消费者手中	10		
	实践成果	录制实践视频，撰写活动心得	视频内容新颖，活动心得真实、生动	10		
总分				100		

项目六 了解商业信用与财务管理

项目导读

什么是货币？什么是信用？它们和商业有什么关系？常见的筹资方式有哪些？这些筹资方式的优缺点分别是什么？投资的类型有哪些？商业企业怎样进行利润管理？

本项目主要从货币和商业信用、筹资方式、投资管理和利润管理等方面阐述商业企业的财务管理逻辑，主要内容如图 6-1 所示。

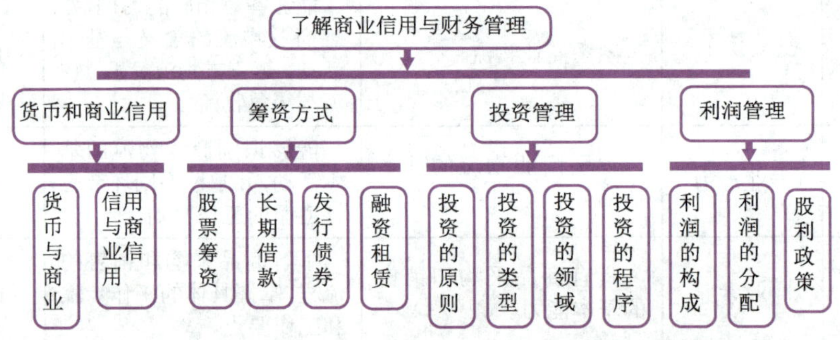

图 6-1　知识框架图

学习目标

知识目标

（1）了解货币和商业信用。

（2）了解商业企业主要的筹资方式。

（3）熟悉商业企业的投资管理和利润管理。

能力目标

（1）能够结合所学知识，为商业企业制订不同的筹资方案，并做出筹资决定。

（2）能够结合所学知识，按照一定的程序将所筹资金投入合适的投资领域。

素养目标

（1）理解信用在商业活动中的重要性，建立良好的个人信用。

（2）理解财务管理在企业发展中的重要性，将所学知识应用到企业的财务管理工作中。

任务一 认识货币和商业信用

任务导入

信用卡业务一直是银行零售金融的重要阵地，在刺激消费需求、发展消费潜力、推动消费升级等方面发挥着重要的助推作用。

但是，近两年信用卡明显“遇冷”。一方面，线上消费场景增多，不少互联网平台相继推出了移动支付工具，并提供先垫付、后付款的服务，这对信用卡市场形成一定的冲击；另一方面，移动支付工具没有年费、管理费等费用，使用灵活便捷，深受年轻用户的欢迎。

其实，信用卡“遇冷”并不代表信用卡没有发展前景。信用卡在信用额度、分期付款等方面的明显优势，不仅可以使持卡人享受优惠，还可以帮助持卡人有效积累个人信用，方便其办理诸如信用贷款等业务。因此，商业银行只要继续减费让利、提高信用卡权益，依然可以提升信用卡客户的黏性。

（资料来源：王宝会，《信用卡“遇冷”了吗》，《经济日报》2024 年 1 月 8 日）

思考：信用是什么？信用卡消费有哪些优势？

一、货币与商业

（一）货币的含义

货币的本质是能充当一般等价物的特殊商品。货币的含义包括以下几点。

第一，货币是一种商品。货币与其他商品在形式上具有一致性，即具有价值和使用价值。

第二，货币充当一般等价物，其以自身的使用价值形态表现商品价值。

第三，货币由国家规定，因此，其被社会大众普遍接受。

知识纵横

货币的演变

货币的产生和发展有数千年的历史。在几千年的岁月中，货币经历了自然货币、人工铸币、纸币、信用货币、电子货币等发展阶段。

商朝时，人们普遍将贝壳作为货币。随着商业的发展，货币的需求量越来越大，天然贝壳已经无法满足商品流通的需求。于是，人们开始用铜仿制贝壳。铜币的出现标志着货币由自然货币向人工铸币演变。

从商朝到战国时期，我国出现过很多种货币。秦朝统一六国后，结束了货币形状各异、重量悬殊的杂乱状态，其确定下来的圆形方孔的货币形制一直沿用到民国初期。

北宋时，中国出现了世界上最早的纸币——交子。交子的出现并非偶然，北宋时期经济繁荣，贸易往来频繁，人们需要大量的货币，而铸币不易携带且存在安全隐患。当时中国的造纸术、活字印刷术领先世界，为纸币的印刷提供了强大的技术支持。同时，皇权也为纸币的流通提供了信用背书。但受朝代更迭的影响，纸币的流通范围并不广。近代以后，纸币才被大量发行和使用。

随着电子技术和网络技术的迅速发展，货币呈现无纸化趋势。相较于纸币，电子货币使用起来更方便、快捷，日益成为社会广泛运用的支付工具。

（二）货币与商业的关系

货币与商业联系紧密。货币的产生是商业存在的前提条件，货币的演变既是商业发展的结果，也是商业发展的重要推动力。货币与商业的关系表现为货币流通与商品流通的关系，主要表现在以下几个方面。

第一，货币流通是商品流通引起的，并为商品流通服务。商品从卖者手中转移到买者手中，货币就从买者手中转移到卖者手中。如果没有商品的流通，就不会引起货币的流通。

第二，商品流通的数量、规模和速度制约着货币流通的数量、规模和速度。两者必须相适应，否则可能会造成商品积压、市场疲软、通货紧缩或通货膨胀等不良后果。例如，商品流通的数量和规模扩大，流转速度加快，货币流通的数量和规模也会随之扩大，流通速度随之加快。

第三，商品流通的发展促进货币流通形式的创新。随着商品流通的发展，货币的形态不断由低级向高级演变，日益朝着轻便化方向发展。

第四，商品流通与货币流通并不总是同步进行。例如，在期货交易中，货币可能已经经过多次的转手，而商品并未发生位移。

二、信用与商业信用

信用的原意是“相信、诚信、声誉”。在商业经济中，信用是一种借贷行为，既指以收回为条件的付出，也指以归还为义务的取得。

（一）信用

1. 根据信用主体分类

根据信用主体的不同，信用可以分为商业信用、银行信用、政府信用和个人信用等。

商业信用的授信者是从事商品生产经营的企业。例如，某供应商信誉良好，某超市与其建立了长期合作关系，并在采购时采用预付货款的方式提供给供应商信用。

银行信用是银行等金融机构以货币形式提供给企业的间接信用。例如，某超市需要一笔资金扩建海鲜区，于是向银行提交了授信申请，银行在深入调查该超市的财务和经营状况后，批准其授信申请，与其签订了授信合同，并按合同约定向其提供了资金。

政府信用的授信者是具有管理国家职能的政府。例如，为了推动地方经济发展、支持返乡创业青年，政府与金融机构合作，为特定群体提供担保，使他们更容易获得贷款。

个人信用的授信者是以自己的名义独立地参与经济活动的个人。个人信用是个人基于信任，在签订契约后提供给其他人的信用，允许其在不用付款的情况下获得商品或服务。

“没想到拿着政府采购合同就能贷款，我们流动资金不足的问题终于解决了！”宁夏弘德村食品有限公司负责人杨某开心地说。

宁夏弘德村食品有限公司是当地发展较好的一家食品加工型小微企业。一次，该公司中标了政府某采购项目，但因缺少抵押品面临融资难题。当地农业银行某支行得知该公司的困难后，主动上门了解情况，并帮助该公司申请了“政采 e 贷”，仅用 2 天时间便完成授信审批，并成功放款 96 万元，解决了该公司的燃眉之急。

思考：“政采 e 贷”属于哪种信用？

2. 根据信用期限分类

根据信用期限的不同，信用可以分为短期信用、中期信用和长期信用，它们在流动性、风险和使用场景上均不同。

短期信用是指 1 年以内的信用。短期信用的流动性较高，风险较低，主要用于满足企业生产经营中的短期、零星和突发性资金需要。例如，某服装批发商会利用短期信用来支付日常运营费用、进行短期投资等。

中期信用是指 5 年以内的信用。中期信用的流动性和风险介于短期信用和长期信用之间，主要用于支持企业的中期投资计划，如技术改造、扩大规模等。

长期信用是指 5 年（不含 5 年）以上的信用。长期信用的流动性较低，风险较高，主要用于支持企业的长期投资和发展计划，如大型项目融资、基础设施建设等。

3．根据信用关系载体分类

根据信用关系载体的不同，信用可以分为口头信用、书面信用和挂账信用。

口头信用表现为当事人的承诺。口头信用在日常生活中起着重要作用，但因其没有书面记录，若一方当事人不履行其口头承诺，则可能会引发各方当事人的纠纷或争议。

书面信用是指通过书面形式来表达和确认信用关系的一种形式，比口头信用具有更强的法律效力。书面信用的表现形式有合同、协议、借条、保证书等。书面文件详细规定了各方当事人的权利和义务，在出现争议时，其可以为各方当事人提供有力的法律支持。

挂账信用是发生在企业间的商业信用，通常以应收账款或应付账款等形式记录于企业的账簿中。挂账信用的表现形式有赊购、赊销、预收货款、预付货款等。挂账信用可以促进商业合作，降低企业的财务成本，缓解企业的经济压力。但是，挂账信用也存在一定的风险，如挂账过多或时间过长，可能会导致信用风险增加。

思考与讨论

你能举例说明挂账信用有哪些风险吗？

（二）商业信用

1．商业信用的含义

商业信用是指在商品交易中，企业以延期付款或预收货款的方式出售商品时所提供的一种短期信用。

商业信用必须同时具备两个条件：第一，企业是商业信用的主体，其在了解对方信誉的基础上，为其提供短期信用。第二，商业信用与商品交易直接相关。

2．商业信用的形式

常见的商业信用有以下几种形式。

1）赊销商品

赊销商品是典型的商业信用形式，这是一种由卖方以商品形式提供给买方的信用。卖方将商品赊销给买方，意味着卖方将应收的货款贷给买方，利息通常包含在商品价格中。因此，赊销商品的价格一般要高于以现金直接购买商品的价格。

商业信用的形式有哪些

经营农用物资的经销商在初始阶段通常需要投入大量资金，而他们往往缺少资金；生产农用物资的企业为了抢占市场，通常将产品赊销给经销商。因此，农用物资行业盛行赊销。但是，这给农用物资生产企业带来了非常大的风险。一位在该行业扎根多年的农用物资生产企业的负责人说："如果不赊销，经销商就不拿货，我们担心到了销售旺季会因配送不及时而错过机遇；如果赊销，经销商就会拖欠货款达半年甚至1年以上，我们担心收不回货款。一些实力不足的企业甚至直接被拖到破产。"

思考：除上述例子外，你还能列举哪些生活中常见的赊销商品的例子？

2）预付货款

预付货款是常见的商业信用形式，这是一种由买方以货币形式授予卖方的信用。买方将货币资金预付给卖方订购其商品时，预购商品的价格通常是按预付货款时的物价水平确定的，如果预购商品的价格看涨，则由卖方承担利息；如果预购商品的价格看跌，则由买方承担利息。

2014年至今，我国商业预付卡消费纠纷频发，主要集中在教育培训、娱乐健身、美容美发、共享单车等领域。例如，北京某国际旅行社通过赠送日用品等方式，向老年人推销旅游预付卡，涉案总金额超过千万元；杭州某理发店在出售价值近百万元的预付卡后卷款跑路。除恶意诈骗的企业外，也有经营不善的企业为减少自身损失，非法挪移资金。这些企业大多以破产收尾，使消费者维权举步维艰。

思考：除上述例子外，你还能列举哪些生活中常见的预付货款的例子？

3）分期付款

分期付款是卖方以商品的形式提供给买方的信用。这种信用形式类似于赊销商品，但在赊销商品的情况下，风险主要由卖方承担，如果买方没有按时支付货款，卖方将面临资金短缺；在分期付款的情况下，风险由买卖双方共同承担，卖方可以及时回收货款，买方可以缓解支付压力。

一些购物 App 经常在商品页的醒目位置上注明一行小字："分期享×期免息，每期仅×元。"分期免息能有效促进消费。一方面，"分期"可以降低消费门槛，避免消费者发生突然的大额支出；另一方面，"免息"是商家和平台共同为消费者提供的让利服务。因此，许多消费者即使能够全款购买商品，也会倾向于分期付款，以优化现金流，提升生活品质。

思考：除上述例子外，你还能列举哪些生活中常见的分期付款的例子？

4）经销、代销

从商品销售的角度来看，经销、代销都是卖方推销产品的方式，两者都具有商业信用的性质。

采用经销方式时，卖方给予经销商独家经营的权利，并给予经销商价格折扣和货款支付方面的优惠。采用代销方式时，卖方给予代销商代理销售商品的权利。两者最大的不同之处在于经销商拥有商品所有权，需要支付货款；而代销商没有商品所有权，商品的所有权仍然属于卖方，代销商不必支付货款，只需要推广和销售商品，并确保代销商品的安全。

思考与讨论

你能列举哪些生活中常见的经销、代销的例子？

任务考核

一、单选题

1. 关于货币与商业的关系，下列说法错误的是（　　）。
   A. 货币流通是商品流通引起的，并为商品流通服务
   B. 随着商品流通的发展，货币的形态不断由低级向高级演变
   C. 商品流通总是与货币流通同步进行
   D. 商品流通的数量、规模和速度制约着货币流通的数量、规模和速度
2. 关于信用的类型，下列说法正确的是（　　）。
   A. 根据信用主体的不同，信用可以分为口头信用、书面信用和挂账信用
   B. 中期信用是 3 年以内的信用
   C. 商业信用的授信者是银行
   D. 书面信用比口头信用具有更强的法律效力
3. 预付货款是常见的商业信用形式，这是一种（　　）。
   A. 由买方以货币形式提供给卖方的信用
   B. 由卖方以货币形式提供给买方的信用
   C. 由买方以商品形式提供给卖方的信用
   D. 由卖方以商品形式提供给买方的信用

二、多选题

1．根据信用主体的不同，信用可以分为（　　）。

A．口头信用　　B．商业信用　　C．银行信用　　D．书面信用

2．常见的商业信用的形式有（　　）。

A．赊销商品　　B．预付货款

C．分期付款　　D．经销、代销

3．商业信用必须同时具备的条件有（　　）。

A．银行是商业信用的主体　　B．企业是商业信用的主体

C．商业信用与货币资金直接相关　　D．商业信用与商品交易直接相关

三、简答题

1．简述信用的含义。

2．简述常见的商业信用的形式。

任务二　了解筹资方式

任务导入

“生产线上的机器人，大多是‘手’，我们则专门研制‘脚’，如无人堆垛机器人、重载移动机器人等。无人堆垛机器人可以贴着地面走，重载移动机器人则可以托举80吨重的货物轻松旋转并移动。公司研制的搬运、装卸机器人每年出货数千台，是移动机器人领域的‘隐形冠军’。”广东嘉腾机器人自动化有限公司的负责人介绍。

近几年，搬运、装卸机器人供不应求，该公司的订单也随之增加。由于回款周期比较长，资金压力凸显，该公司不敢接太多订单，长此以往公司的发展也受到了一定的限制。

在这种情况下，政府出台了面向“专精特新”企业的专项资金，以缓解该类企业的资金难题。在政策支持下，该公司获得“科创信用贷”2 000万元的授信额度，5年共计融资超过2.3亿元，为公司的发展提供了强有力的支持。

（资料来源：赵展慧、李刚、刘新吾，《政策合力促进机器人产业蓬勃发展》，《人民日报》2024年4月1日）

思考：上述企业采用了哪种筹资方式？

筹资又称“融资”，是指企业通过一定的筹资渠道，运用合适的筹资方式，高效地筹措和集中资本的财务活动。筹资是企业财务管理的重要内容之一。商业企业主要有以下几种筹资方式。

一、股票筹资

股票是指股份有限公司为筹资而向股东发行的一种有价证券。股东以股票作为持股凭证，借以取得股息和红利。

（一）股票的类型

根据不同的分类标准，股票可以分为不同的类型。

1. 根据股东的权利分类

根据股东享有权利的不同，股票可以分为普通股、优先股和后配股。

普通股是指股份有限公司依法发行的股利不固定，但被赋予管理权的股票。持普通股的股东是公司的所有者，同时也承担与公司所有权有关的风险。通常情况下，股份有限公司只发行普通股。

优先股是相对于普通股而言的，优先股在利润分配和剩余财产分配方面优先于普通股。

后配股也是相对于普通股而言的，后配股在利润分配和剩余财产分配方面落后于普通股，但后配股通常被赋予表决权。通常情况下，少数希望掌握公司控制权的人持有后配股。

2. 根据有无记名分类

根据票面是否记载股东的姓名或者名称，股票可以分为记名股票和无记名股票。

记名股票上记载了股东的姓名或者名称，并将其列入公司股东名册。记名股票的转让、继承比较严格，股东需要办理过户手续。我国《公司法》规定，股份有限公司向发起人、法人发行的股票，应为记名股票。

无记名股票上不记载股东的姓名或者名称。无记名股票的转让、继承比较简单，股东不需要办理过户手续，只要将股票交给受让人，就可产生转让效力。

3. 根据发行对象和上市地区分类

根据发行对象和上市地区的不同，股票可以分为A股、B股、H股和N股。

A股的正式名称是人民币普通股票，是指由我国境内的公司发行的，以人民币认购和交易的股票。

B股的正式名称是人民币特种股票，是指由我国境内的公司发行的，以人民币标明面值，以外币认购和交易的股票。

H股是指公司的注册地在内地、上市地在香港的人民币特种股票。

N股是指在纽约证券交易所上市的外资股票。

思考与讨论

什么是ST股票？这类股票有什么特点？

（二）股票的发行方式

普通股的发行方式主要有以下几种。

1. 公开招股发行

公开招股发行即公募发行，是指股份有限公司向不特定的多数投资者公开招募，由投资者认购股票的发行方式。

公募发行可以是直接公募发行，也可以是间接公募发行。直接公募发行是指股份有限公司向社会公众发售股票，并由该公司承担发行责任与风险的方式；间接公募发行是指股份有限公司通过承销机构发行股票的方式。间接公募发行比较常见，即股份有限公司与承销机构签订承销合约，由承销机构向社会公众发行股票。

2. 不公开直接发行

不公开直接发行属于私募发行，是指股份有限公司不通过承销机构，只向少数特定的对象直接发行股票的方式。这种发行方式的手续简单，发行速度快，发行费用低，但发行范围小，股票的变现能力较差。

3. 向股东配股

向股东配股是指股份有限公司为了维持原有股权结构不变，向原股东按其持股比例配予其优先认购新股票的发行方式。

4. 向第三者配股

向第三者配股是指股份有限公司在发行新股时，给予与该公司有特定关系的第三者（如其他公司）新股认购权的发行方式。这种方式多在股份有限公司经营不善、筹资困难时才采用。

M公司是一家成立于2010年的全球知名公司。自成立之初，M公司就开始其融资历程。

M公司第一次融资是在2011年，融资金额为数百万美元，主要用于产品的研发和生产。第二次融资是在2014年，融资金额共计2 000万美元，主要用于智能家庭生态系统的建设和推广。

M公司的股票发行方式

2018 年 5 月，M 公司向香港联合交易所有限公司（简称“香港联交所”）提交了招股说明书，正式开启了 IPO（首次公开发行股票）历程。在 IPO 之前，该公司先向机构投资者出售股票，筹集了约 20 亿美元；然后又向零售商和一些机构投资者出售股票，筹集了约 20 亿美元。最终，M 公司完成了 IPO，募集资金达 200 亿美元。

思考：M 公司采用了哪种股票发行方式？

（三）股票筹资的优缺点

股票筹资的优缺点如表 6-1 所示。

表 6-1　股票筹资的优缺点

优点	（1）股票所筹资本是永久性资本，除非股份有限公司破产清算，否则不需要偿还 （2）股票筹资不存在无法还本付息的风险 （3）当盈利状况不佳时，股份有限公司可以支付较少股利，甚至暂停支付股利 （4）发行股票能增强股份有限公司的信用，增加其权益资本，有利于其筹措债务资本
缺点	（1）股票筹资成本较高，发行手续复杂 （2）增发股票会稀释原股东的股权，改变原有股权结构，分散公司的控制权

二、长期借款

长期借款是企业主要资金来源之一。长期借款一般来自本国的银行和非银行金融机构，且借款期限在 1 年以上（不含 1 年）。

（一）长期借款的类型

1．根据有无抵押品分类

根据是否有抵押品，长期借款可以分为信用贷款和抵押贷款。

信用贷款是指银行根据借款企业的信誉发放的贷款。借款企业不需要提供抵押品或第三方担保，仅凭自身的信誉作为还款保证。信用贷款出现坏账的风险较大，银行需要详细了解借款企业的经济效益、经营管理水平、发展前景等。

抵押贷款又称“担保贷款”，是指以特定的抵押品作为担保的贷款。借款企业需要提供一定的抵押品，以保证到期偿还贷款。抵押品一般为易于保存、不易损耗、容易变卖的物品，如有价证券、生产设备、房地产等。贷款期满后，如果借款企业不能按期偿还贷款，银行有权拍卖抵押品，再用拍卖款偿还贷款。如果拍卖款清偿贷款后有余额，则将余额归还借款企业；如果拍卖款不足以清偿贷款，则由借款企业继续清偿。

2．根据提供贷款的金融机构分类

根据提供贷款的金融机构的不同，长期借款可以分为政策性银行贷款、商业银行贷款

和非银行金融机构贷款。

政策性银行贷款是指各政策性银行为贯彻国家的经济发展政策，发放的有特定投向和用途的贷款。一般来说，政策性银行贷款比商业银行贷款的利率低，期限也比较长。

商业银行贷款是指商业银行以一定的利率将资金贷放给资金需要者，并约定期限归还的贷款。一般来说，商业银行的贷款利率会根据贷款期限的不同而变化，期限越长，贷款利率越高。商业企业的长期借款大部分来自商业银行贷款。

非银行金融机构贷款也是商业企业筹措长期资本的一种方式。我国的非银行金融机构包括保险公司、证券公司、融资租赁公司等。非银行金融机构贷款一般比商业银行贷款的期限长，利率也更高，对借款企业的信用要求和对抵押品的要求也比较高。

（二）长期借款合同的信用条款

长期借款合同往往涉及信用额度、周转信用协议、补偿性余额、抵押担保等信用条款。

1. 信用额度

信用额度是指借款企业与银行间以正式或非正式协议规定的最高借款限额。在信用额度内，借款企业通常可随时按需要向银行申请借款。

在正式协议下，假设某借款企业的信用额度为 100 万元，该借款企业已借用 60 万元且尚未偿还，则该借款企业仍可申请借款 40 万元，银行将予以保证。在非正式协议下，如果借款企业的信誉不好，即使银行曾经承诺按信用额度提供贷款，借款企业也可能得不到借款，因为银行并不承担按最高借款限额提供贷款的法律义务。

2. 周转信用协议

周转信用协议是指银行以法律义务为前提，承诺向借款企业提供不超过最高限额的借款协议。在协议的有效期内，只要借款企业的借款总额未超过最高限额，银行都应满足借款企业的借款要求；借款企业则必须就借款限额的未使用部分支付给银行一笔承诺费用。对借款企业而言，支付承诺费用提高了实际利率。

3. 补偿性余额

银行以补偿性余额条款要求借款企业将借款的一定比例留存银行，一般为借款的 10%。从银行的角度来看，约定补偿性余额有利于降低坏账风险；从借款企业的角度看，约定补偿性余额提高了借款的实际利率。

4. 抵押担保

银行在发放贷款时会要求借款企业提供抵押品担保，以降低坏账风险。同时，银行会严格管理贷款，有时会要求借款企业做出承诺，如及时提供财务报表、保持资产的流动性等。如果借款企业无力还款，银行可通过处置抵押品收回贷款，从而保障债权的实现。

（三）长期借款的优缺点

长期借款的优缺点如表 6-2 所示。

表 6-2　长期借款的优缺点

优点	（1）长期借款的程序简单，费用也较低，借款企业能在较短时间内筹到所需资金 （2）借款企业可以与银行就筹资金额、还款时间、借款条件等进行协商，具有较强的灵活性
缺点	（1）长期借款必须按期还本付息。如果借款企业经营不善，无法盈利，则会面临较重的财务负担 （2）在长期借款合同中，通常会有一些限制性条款，可能会影响借款企业的筹资、投资和利润分配活动 （3）银行通常不会审批数额较大的贷款，可能无法满足借款企业大规模筹资的需要

三、发行债券

债券是指企业为了筹集资金向债权人发行的有价证券，企业承诺按一定利率到期支付利息和偿还本金。债券持有人是企业的债权人，不能参与企业的经营决策。在企业解散时，债权比股权优先得到清偿。

（一）债券的类型

1．根据有无记名分类

根据是否在债券存根簿上登记债权人姓名或名称，债券可以分为记名债券和无记名债券。

记名债券由发行企业或代理机构登记债券持有人的姓名或名称、住所；债券持有人取得债券的日期及债券编号；债券总额，债券的票面金额、利率、还本付息的期限和方式；债券的发行日期等。记名债券转让时，必须由债券持有人背书并向发行企业登记，办理过户手续；发行企业凭债券存根簿上记录的姓名或名称、背书及印鉴偿还本息。

无记名债券不在债券存根簿上记录持有人的姓名或名称。无记名债券转让时，债券持有人不需要办理过户手续，发行企业还本付息时以债券为凭证。

2．根据发行主体分类

根据发行主体的不同，债券可以分为政府债券、金融债券和公司债券。

政府债券的发行主体是政府。中央政府发行的债券称为国债，地方政府发行的债券称为地方政府债券。政府债券主要用于满足政府投资的公共设施或重点建设项目的资金需要，以及弥补国家财政赤字。

金融债券的发行主体是银行或非银行金融机构。金融机构一般拥有雄厚的资金实力，信用度较高，因此，金融债券往往也有良好的信誉。银行和非银行金融机构是社会信用的中介，它们的资金来源为公众存款和金融业务收入。

公司债券是指股份有限公司或有限责任公司依照法定程序发行并约定在一定期限内还本付息的有价证券。公司发行债券是为了满足生产经营的资金需要。公司的情况千差万别，有些公司经营有方，实力雄厚，信誉好；有些公司经营状况较差，可能处于倒闭的边缘。因此，公司债券的风险比政府债券和金融债券要高一些。

知识纵横

债券信用评级

债券信用评级通常由独立的信用评级机构对公司债券的信用风险因素进行综合分析后确定，可以反映公司债券的风险程度、公司还本付息的能力。

具体来说，债券信用评级包括三等九级两大类。一等的 AAA 级、AA 级、A 级和二等的 BBB 级属于投资类，风险较低；二等的 BB 级、B 级和三等的 CCC 级、CC 级、C 级属于投机类，风险较高。

需要注意的是，债券信用评级并不能完全保证公司债券的安全性，投资者在做出投资决策前，还需要结合其他因素综合考虑。

3. 根据偿还方式分类

根据偿还方式的不同，债券可以分为一次性还本付息债券和分期还本付息债券。

一次性还本付息债券到期时，发行企业一次性还清本息。这是最常见的债券。

在分期还本付息债券的有效期内，发行企业分期偿付债券本息。常见的 3 种偿付方式如下：① 债券的本金和利息都分期偿付；② 债券的本金分期偿还，利息到期一次性支付；③ 债券的利息分期支付，本金到期一次性偿还。

（二）发行债券的优缺点

发行债券的优缺点如表 6-3 所示。

表 6-3　发行债券的优缺点

优点	（1）债券筹资能扩大企业的资本规模 （2）债权人只享有利息收益权，没有经营管理权，因此债券筹资不会稀释股东对企业的控制权 （3）可转换债券和可提前收兑债券赋予了企业调整资本结构的空间
缺点	（1）企业必须定期偿还债券本息，否则可能面临财务风险 （2）发行债券的限制条件较多，对企业的要求较高 （3）当企业的负债比率超过一定程度后，债券筹资的成本会上升

H 公司的内、外部融资

H 公司成立于 1987 年，是一家民营企业，其融资方式有内部融资和外部融资两种。

在初创期，H 公司的技术研发需要大量资金支持，但当时 H 公司没有那么多资金，所以提出了员工持股的概念。凡是在 H 公司工作一定年限的员工，都有认购 H 公司股份的权利。如果员工想要购买股份但资金不足，H 公司可以帮助员工去银行贷款，也可以让员工先拿出一部分奖金来购买。通过这样的方式，H 公司在社会认可度低、外部融资难的情况下，完成了内部融资。

对于外部融资，H 公司主要通过出口买方信贷业务来完成。1996 年，H 公司进入高速增长期，对周转资金的需求剧增，于是开始与招商银行合作。招商银行向国外银行或进口商提供优惠贷款，用于购买 H 公司的设备。H 公司通过这种方式扩大产品出口，并获得了外部融资。

四、融资租赁

融资租赁是将融物与融资相结合的筹资方式。租赁公司根据承租企业的请求，从供货商处购入承租企业选定的设备，将设备出租给承租企业，并向承租企业收取一定的租金。租赁期满，双方按事先约定的方式处理设备。

（一）融资租赁的主要形式

1. 直接租赁

直接租赁是融资租赁的典型形式。在直接租赁形式下，承租企业直接从供货商或租赁公司处租赁设备。

2. 售后租回

在售后租回形式下，承租企业先将其设备卖给租赁公司，再将所售的设备租回，并按期向租赁公司支付租金。承租企业因出售设备而获得一笔现金，同时保留了对该设备的使用权。

3. 杠杆租赁

杠杆租赁一般涉及承租企业、租赁公司和贷款机构三方。从承租企业的角度看，杠杆租赁与其他融资租赁的形式并无区别。但从租赁公司的角度看，杠杆租赁只需要租赁公司垫付购买设备所需现金的一部分（一般为 20%～40%），其余部分以该设备为担保向贷款机构借款支付。如此一来，租赁公司既要收取租金又要偿还债务，只有当租赁收益高于借款成本时，租赁公司才能获得财务杠杆利益。

你能分别列举直接租赁、售后租回、杠杆租赁的例子吗？

（二）融资租赁的优缺点

融资租赁的优缺点如表 6-4 所示。

表 6-4 融资租赁的优缺点

优点	（1）承租企业只需支付租金，就可以使用现成的设备，能快速形成生产力 （2）承租企业可以分期支付租金，减少财务风险 （3）融资租赁附加的限制条件较少，增加了承租企业筹资的灵活性
缺点	（1）融资租赁的租金一般较高 （2）未经租赁公司同意，承租企业不得擅自对租赁的设备加以改良

博学慎思

为了吸引更多的消费者，A 公司打算将商场与游乐产业相结合，即在商场旁边建设一家游乐园。在游乐园项目启动前，A 公司召开了专项研讨会，讨论筹资问题。

在研讨会上，总经理率先发言：“为了提高商场的竞争力，我们将在商场旁边投资建设熊猫主题游乐园。虽然公司目前的资金尚能支撑游乐园的一期建设，但是将原本用于商场的资金调至游乐园项目，也不是长久之计。请大家各抒己见，谈谈我们应该怎样筹措资金。”

销售部经理说道：“我们可以考虑通过发行债券来筹集资金。只要收益率高于普通债券，我们的债券就有一定的优势。”

财务部经理反驳道：“公司发行债券需要定期还本付息。何况国家对公司债券控制得非常严格，我们公司并不具备发行债券的条件。”

财务部经理接着说：“或许我们可以考虑融资租赁的方式。也就是说，我们先选择一家游乐设备生产厂商，再与租赁公司签订合同，由租赁公司支付购买游乐设备的大部分资金。租赁期间，游乐设备的所有权属于租赁公司。我们向租赁公司支付租金，获得游乐设备的使用权。租期届满，游乐设备的所有权归我们。这样既可以解决资金缺口问题，也能获得游乐设备的所有权。”

A 公司最终决定采取上述融资租赁方案。筹资款项到位后，A 公司的游乐园项目迅速开工，2 年后为 A 公司带来了超出预期的收益。

思考：上述案例体现了融资租赁的哪些优点？

任务考核

一、单选题

1. 下列关于股票筹资优点的说法中，正确的是（　　）。
   A. 股票筹资不存在无法还本付息的风险
   B. 当盈利状况不佳时，股份有限公司不可以暂停支付股利
   C. 股票的筹资成本较低，发行手续简单
   D. 增发股票不会稀释原股东的股权，不会改变原有股权结构
2. 下列关于发行债券的说法中，错误的是（　　）。
   A. 在企业解散时，债权比股权优先得到清偿
   B. 无记名债券存根簿上记录持有人姓名、债券总额、利率、还本付息的期限和方式等
   C. 公司债券的风险比政府债券和金融债券要高一些
   D. 债券的信用评级包括三等九级两大类
3. （　　）是指银行以法律义务为前提，承诺向借款企业提供不超过最高限额的借款协议。
   A. 信用额度　　B. 补偿性余额
   C. 抵押担保　　D. 周转信用协议

二、多选题

1. 长期借款合同的信用条款包括（　　）。
   A. 信用额度　　B. 周转信用协议
   C. 抵押担保　　D. 补偿性余额
2. 融资租赁的主要形式有（　　）。
   A. 抵押担保　　B. 直接租赁
   C. 售后租回　　D. 杠杆租赁
3. 根据发行主体的不同，债券可以分为（　　）。
   A. 政府债券　　B. 金融债券
   C. 记名债券　　D. 公司债券

三、简答题

1. 简述商业企业主要的筹资方式。
2. 简述长期借款的优缺点。

任务三　熟悉投资管理

任务导入

赛百味是全球知名的连锁餐饮品牌,在90多个国家和地区拥有超过3.7万家分店。2023年6月6日，赛百味全球总部宣布，赛百味与上海富瑞食企业发展有限公司签订新的总特许经营协议，允许后者在中国管理和开发门店。自2023年下半年开始，赛百味从品牌标识、店面设计、产品研发到产品包装进行了全面升级。

“2024年是赛百味在中国打基础的一年，未来我们将以每年500到1 000家的速度拓展门店。10到20年内，我们将在中国大陆开设近4 000家门店。”赛百味中国首席执行官说。

（资料来源：吴卫群，《外资零售巨头加码投资上海拓展门店》，解放网，2024年3月20日）

思考：赛百味为什么要在中国大陆拓展门店？

投资是指企业以获得未来收益为目的，通过投入一定量的货币或实物等资源来经营某项事业的行为。投资管理是企业财务管理的核心内容之一。

一、投资的原则

商业企业投资应遵循以下原则。

（一）安全性原则

任何投资行为都必然会面临不同程度的风险，风险防范与规避是商业企业在投资前必须考虑的问题。商业企业必须认真权衡投资回报和风险，不要盲目投资。

（二）效益性原则

投资的根本目的是谋求利润，增加企业的价值。商业企业在投资前，必须考虑该项投资的经济效益，以及该项投资对商业企业整体经济效益的影响。

（三）流动性原则

无论是哪种投资，商业企业都应当以拥有足够的闲置资源为基础，以保持良好的变现能力为原则，从而降低投资风险。

二、投资的类型

（一）根据投资与企业经营的关系分类

根据投资与企业经营的关系的不同，投资可以分为直接投资和间接投资。

1．直接投资

直接投资是指企业直接参与生产经营活动，拥有企业实际管理控制权的投资行为。商业企业可以投资与其经营相关的产品或行业，通过直接参与生产经营来实现自身的发展，获取利润。

2．间接投资

间接投资又称“证券投资”，是指企业购买股票、债券、基金等各种有价证券，不直接参与生产经营活动的投资行为。商业企业可以通过购买金融资产，投资与其经营相关程度较低的不同产品或不同行业，以分散风险，实现多元化经营。

（二）根据投资项目的经济寿命分类

根据投资项目经济寿命的长短，投资可以分为短期投资和长期投资。

1．短期投资

短期投资又称“流动资产投资”，是指企业将筹集的资金用于能够在 1 年内收回本金的投资项目。例如，商业企业将资金用于购买短期债券等。

2．长期投资

长期投资又称“固定资产投资”，是指企业将筹集的资金用于在 1 年以后才能收回本金的投资项目。例如，某大型连锁商超布局智慧物流、自建配送中心等。

思考与讨论

股票投资属于长期投资还是短期投资？

（三）根据投资的方向分类

根据投资方向的不同，投资可以分为对内投资和对外投资。

1．对内投资

对内投资是指企业把资金投向企业内部，形成各项流动资产、固定资产、无形资产和其他资产的投资行为。例如，某商业企业将每年营业收入的 20%左右用于研发新技术。

知识纵横

常见的资产种类

常见的资产包括流动资产、固定资产和无形资产。

流动资产是指预计在 1 年或超过 1 年的一个营业周期内变现或者耗用的资产，包括货币资金、银行存款、应收账款、应收票据、存货、预付款项等。流动资产周转速度快，变现能力强，与商品流通活动关系密切。

固定资产是指企业为生产商品、提供劳务、出租或经营管理而持有的，使用寿命超过 1 个会计年度（通常为 1 年）的有形资产。与商业企业经营活动有关的固定资产包括建筑物、机器、运输工具及其他设备。

无形资产是指企业拥有或者控制的没有实物形态的可辨认非货币性资产，主要包括专利权、商标权、著作权、土地使用权、专营权、非专利技术、商誉等。

2．对外投资

对外投资是指企业以投入现金、实物资产、无形资产等方式，或者以购买股票、债券等有价证券的方式对其他企业进行的投资。例如，某连锁超市为了获得较高品质的肉制品，与某肉制品加工企业签订协议，投资该肉制品加工企业。

三、投资的领域

商业企业的投资领域广泛而多样，不同商业企业的战略定位、市场环境和资源不同，其选择的投资领域也有所不同。商业企业的主要投资领域如下。

（一）上下游产业

商业企业通过投资上下游的实体产业，可以整合商品流通渠道，降低商品流通成本，从而提高企业的市场份额。一些大型商业企业投资生产企业，开发和经营自有品牌，这样可以在控制商品流通渠道的同时，保证产品质量，提升品牌形象。

（二）技术与研发

随着科技的不断进步，越来越多的商业企业开始重视技术创新和产品研发。对这一领域的投资包括加大新技术、新工艺的研发投入，购买专利和其他知识产权等。商业企业通过技术创新，可以提升自身的经营效率和市场竞争力，实现可持续发展。

例如，阿里巴巴通过其子公司阿里云，大力投资云计算技术的研发和应用，为企业提供稳定、高效的云服务。投资云计算不仅提升了阿里巴巴自身的数据处理能力，还开拓了新的业务领域，增加了企业的收入来源。

思考与讨论

除了上述例子，你还知道哪些商业企业投资技术与研发领域的例子？

（三）金融与资本市场

商业企业通过投资股票、债券、基金等金融产品，可以实现资产的多元化配置。同时，商业企业也可以通过并购、上市等方式，借助资本市场实现快速发展和扩张。

（四）海外市场

在经济全球化背景下，商业企业可以通过跨境投资，拓展海外市场，从而获取优质资源，提升品牌影响力。商业企业可以通过并购海外现有企业，在海外进行独资或合资经营，购买海外的股票、债券或其他金融产品等方式投资海外市场。不仅如此，商业企业还可以通过跨境电商平台进入海外市场。

Temu 是拼多多旗下的跨境电商平台，于 2022 年 9 月正式在海外上线。该平台一上线就取得了巨大的成功，这得益于拼多多在跨境投资方面展现出的战略眼光。

首先，拼多多为 Temu 提供了强大的资金支持。大量的资金投入使 Temu 在选品、营销、物流等方面都能快速发展。

其次，拼多多对 Temu 的定位非常明确。Temu 主要面向价格敏感型消费者，其推出的商品大多物美价廉，这使 Temu 在竞争激烈的海外市场中能够迅速脱颖而出。

最后，拼多多还利用其在国内电商领域积累的经验，为 Temu 提供了一系列运营支持，通过整合供应链管理、营销推广、客户服务等方面的经验和资源，提升了 Temu 的运营效率和用户体验。

思考：拼多多是如何投资海外市场的？

四、投资的程序

投资的程序

商业企业投资的程序主要包括制订投资计划、进行可行性分析、做出投资决策、执行投资计划、评估投资结果。

第一，制订投资计划。为把握投资机会，商业企业需要根据自身的长远发展战略、中长期投资目标，以及投资环境的变化等来确定具体的投资计划，具体包括投资项目（或投资方向）、投资金额、投资期限等。

第二，进行可行性分析。可行性分析主要是对投资项目的投资回报率、市场需求、技术、法律法规和政策等方面的分析，如表 6-5 所示。

表 6-5　投资项目的可行性分析

分析方向	具体内容
投资回报率	商业企业需要对投资项目进行财务预测，包括预测投资项目未来的现金流、收益和回报率等，从而评估投资项目的经济效益和可行性
市场需求	商业企业需要对目标市场开展深入调研，了解消费者的需求、偏好和购买力等，预测投资项目未来的销售和供求情况
技术	商业企业需要研究和测试投资项目所涉及的新技术，确保借助新技术能够实现预期的投资目标
法律法规和政策	商业企业需要了解相关的法律法规和政策，确保投资项目符合相关规定并能够获得必要的许可和认证

第三，做出投资决策。基于投资项目的可行性分析结果，商业企业需要做出决策。如果投资项目符合要求，则商业企业应执行投资计划。

第四，执行投资计划。商业企业应按照计划逐步推进投资项目。同时，商业企业还需要持续地监控投资项目，及时发现和解决潜在的问题，并根据新的情况调整投资计划。

第五，评估投资结果。投资项目完成后，商业企业需要评估投资结果，包括投资项目的实际回报率、对商业企业发展的贡献等。其目的是总结经验与教训，为未来的投资管理提供参考。

以小组为单位，选择一个投资项目，模拟上述投资程序，将投资计划与可行性分析的内容形成 PPT，在班级内展示。

任务考核

一、单选题

1. 下列关于投资的说法中，错误的是（　　）。

A. 在做出投资决策前，商业企业可以不必考虑投资回报和风险

B. 商业企业可以投资与其经营相关的产品或行业，直接参与生产经营

C. 商业企业可以通过购买金融资产，分散风险，实现多元化经营

D. 根据投资项目经济寿命的长短，投资可以分为短期投资和长期投资

2. 关于投资项目的可行性分析，下列说法错误的是（　　）。

A. 企业需要对投资项目进行财务预测

B. 企业需要了解消费者的需求、偏好和购买力等

C．企业需要了解相关的法律法规和政策

D．企业需要研究和测试每一项新技术

二、多选题

1．根据投资与企业经营的关系的不同，投资可以分为（　　）。

A．直接投资　　B．对内投资　　C．对外投资　　D．间接投资

2．下列关于投资领域的说法中，正确的是（　　）。

A．商业企业通过投资上下游的实体产业，可以整合商品流通渠道，降低商品流通成本，从而提高企业的市场份额

B．商业企业通过技术创新，可以提升自身的经营效率和市场竞争力，实现可持续发展

C．商业企业通过投资股票、债券、基金等金融产品，可以实现资产的多元化配置

D．商业企业在海外进行独资经营，不是投资海外市场的方式之一

3．企业投资的程序主要包括（　　）。

A．制订投资计划　　B．进行可行性分析

C．执行投资计划　　D．评估投资结果

三、简答题

1．简述投资的原则。

2．简述商业企业的主要投资领域。

任务四　熟悉利润管理

任务导入

截至 2024 年 4 月 8 日，沪深两市共有 1 003 家上市公司披露了 2023 年度现金分红预案，拟现金分红金额合计约 14 762.04 亿元。其中，贵州茅台、美的集团、中远海控等 24 家公司分红金额均超百亿元，551 家上市公司分红金额均超亿元。

对于上市公司来说，高额的分红预案传递了公司经营状况良好的信号，能够增强投资者对公司未来发展的信心，吸引更多的长期投资者，提高公司市值和股票流动性。

（资料来源：王丽新、梁傲男，《超千家上市公司推出 2023 年度分红预案》，《证券日报》2024 年 4 月 9 日）

思考：什么是分红？上市公司应该如何分配利润？

利润是指企业在一定时期的经营成果，是评价企业生产经营水平的综合性指标，反映了企业的偿债能力和盈利水平。财务管理的核心目标之一就是实现企业利润的最大化，利润管理就是企业针对这一目标采取的管理活动。

一、利润的构成

企业的利润指标主要是营业利润、利润总额和净利润。其构成可以分别用以下计算公式表示。

营业利润=营业收入−营业成本−税金及附加−销售费用−管理费用−研发费用−财务费用+其他收益+投资收益（−投资损失）+净敞口套期收益（−净敞口套期损失）+公允价值变动收益（−公允价值变动损失）−信用减值损失−资产减值损失+资产处置收益（−资产处置损失）

利润总额=营业利润+营业外收入−营业外支出

净利润=利润总额−所得税费用

二、利润的分配

根据相关法律制度的规定，企业应按照以下顺序分配税后利润（净利润）。

（一）弥补以前年度的亏损

企业应先用当年利润弥补以前年度的亏损。企业的年度亏损可以用下一年度的税前利润弥补，下一年度的税前利润不足以弥补的，可以在 5 年之内用税前利润延续弥补。

思考与讨论

商业企业未弥补亏损就分红（分配利润），这一行为损害了谁的利益？

（二）提取法定公积金

企业分配当年税后利润时，应当提取当年税后利润（弥补亏损后）的 10%列入企业法定公积金。法定公积金的累计额达企业注册资本的 50%以上时可以不再提取。法定公积金可用于弥补亏损，扩大企业的生产经营规模或转增资本，但企业用法定公积金转增资本后，法定公积金的余额不得低于转增资本前企业注册资本的 25%。

（三）提取任意公积金

企业从税后利润中提取法定公积金后，经股东大会决议，还可以从税后利润中提取任意公积金。提取任意公积金是为了满足企业经营管理的需要，控制向投资者分配的利润额，以及调整各年度利润分配额的波动。

（四）向股东分配股利

企业弥补亏损和提取公积金后所剩余的税后利润，可以作为企业向股东分配的股利（利润）。其中，股份有限公司按照股东持股比例分配股利，但股份有限公司章程规定不按照持股比例分配的除外；有限责任公司股东按照实缴的出资比例分配利润，但全体股东约定不按照出资比例分配利润的除外。

以小组为单位，选择一家商业企业，结合实际情况，分析其利润分配情况。

三、股利政策

股利政策是指股份制企业确定股利及与股利有关的事项时所采取的策略。其核心是确定股利支付比率，股利分派的时间、方式、程序等。目前，股份制企业采用的股利政策主要有以下 4 种。

（一）剩余股利政策

剩余股利政策是指只有在企业的税后利润满足营利性投资项目的资金需要且有剩余的条件下，企业才能将剩余部分作为股利进行分配的策略。

（二）固定股利额政策

固定股利额政策是指企业将每年发放的每股股利数额固定在一个水平上的策略。只有当企业预测未来的盈利会增加且足以使股利数额维持在更高的水平时，企业才会提高每股股利数额。

企业采用这一政策的目的是避免因经营不善而削减股利发放额，使股东不满。如果企业的盈利减少，股利并未减少，股东会认为企业未来的经营情况将会好转。因此，这一政策被广泛地采用。

（三）固定股利支付率政策

固定股利支付率政策是指企业从收益中提取固定的份额作为股利发放给股东的策略。采用这一政策时，企业每年发放的股利会随着企业收益的变动而变动。在企业获得较多收益的年份，股利较高；在企业获得较少收益的年份，股利较低。

固定股利支付率政策体现了多盈多分、少盈少分、无盈不分的分配原则。但是，在这种政策下，各年的股利额变动较大，极易给股东留下企业收益不稳定的印象，不利于维持股票价格的稳定。

（四）正常股利加额外股利政策

正常股利加额外股利政策是指企业每年只支付数额较低的正常股利，只有在企业的税后利润大幅增长时才向股东发放额外股利的政策。这一政策在维持既定股利发放水平的同时给企业较大的操作空间，适合各年收益增长幅度变化较大的企业。

这种政策对企业和股东都有利，但也有一定的弊端。一方面，额外股利可有可无、可多可少，会对企业的形象造成一定程度的影响；另一方面，额外股利会增强股东对高股利的欲望，一旦连续几年不发放额外股利，可能会动摇股东对企业的信心。

知行合一

两人一组，解决以下利润管理问题。

某公司成立于2022年1月1日。2022年，该公司获得净利润1 000万元，分配现金股利550万元，提取法定公积金和任意公积金共计450万元（所提公积金均已指定用途）。2023年，该公司获得净利润900万元（不考虑提取法定公积金的因素）。2024年，该公司计划增加投资，所需资金为700万元。假定该公司的目标资本结构为自有资金占60%，借入资金占40%。

（1）在保持目标资本结构的前提下，计算2024年该公司应当具备的自有资金金额和需要从外部借入的资金金额。

（2）在保持目标资本结构的前提下，如果该公司执行剩余股利政策，计算2023年该公司应分配的现金股利。

（3）在不考虑目标资本结构的前提下，如果该公司执行固定股利额政策，计算2023年该公司应分配的现金股利、可用于2024年投资的留存收益和需要额外筹集的资金金额。

（4）在不考虑目标资本结构的前提下，如果该公司执行固定股利支付率政策，计算该公司的股利支付率和2023年应分配的现金股利。

任务考核

一、单选题

1．下列关于利润构成的说法中，错误的是（　　）。

A．企业的利润由营业利润、利润总额和净利润3部分相加构成

B．净利润是利润总额减去所得税费用

C．利润总额等于营业利润加上营业外收入，再减去营业外支出

D．企业的净利润通常比利润总额要低

2．下列关于利润分配的说法中，错误的是（　　）。

A．企业应当提取当年税后利润（弥补亏损后）的10%列入其法定公积金

B．企业应先用当年利润弥补以前年度的亏损

C．法定公积金的累计额达企业注册资本的50%时不可以再提取

D．股份有限公司通常按照股东持股比例分配股利

二、多选题

1．股份制企业采用的股利政策主要有（　　）。

A．剩余股利政策　　B．固定股利额政策

C．固定股利支付率政策　　D．正常股利加额外股利政策

2．固定股利支付率政策体现了（　　）的分配原则。

A．无盈少分　　B．多盈多分　　C．无盈不分　　D．少盈少分

三、简答题

1．简述企业的利润分配过程。

2．简述正常股利加额外股利政策的优缺点。

力学笃行

实践概述

依托项目四“力学笃行”中模拟经营的网店，进行财务管理。假设企业管理者判断目前企业的运营情况良好，具有较大的发展潜力，决定筹资1 000万元并将其投入合适的领域，扩大企业规模。

实践目的

熟悉各种筹资方式的优缺点，能根据实际情况做出合适的筹资决策，选择合适的投资领域和投资项目。

实践准备

（1）学生分成若干小组（6～8人为一组），并选出每组组长。

（2）根据企业的具体情况，制订不同的筹资方案，并估算不同方案的筹资成本。

（3）模拟召开筹资研讨会，讨论各种筹资方案的优缺点。

（4）制订投资计划，进行可行性分析。

实践过程

（1）小组成员就不同的筹资方案讨论其优缺点，最终达成一致意见，选出最合适的筹资方案。

（2）小组成员在进行可行性分析后，选择合适的投资项目，执行投资计划，并评估投资结果。

成果展示

（1）选出1名小组成员代表，结合企业的经营现状，分享目前最合适的筹资方案与投资计划。

（2）小组成员根据实践情况，撰写活动心得。

请根据实践情况，填写表6-6和表6-7。

表6-6 小组成员及分工情况

班级		组号		指导教师	
小组成员	姓名	学号	任务分工		
组长					
组员					

表6-7 实践计划及实施情况记录

时间安排	实施情况
实践准备	
实践过程	
成果展示	

项目学习成果

请根据本项目的学习和实践情况，填写表 6-8。

表 6-8　项目学习成果评价表

<table>
<tr><td>姓名</td><td></td><td>班级</td><td></td><td>日期</td><td colspan="2"></td></tr>
<tr><td>学号</td><td colspan="2"></td><td>指导教师</td><td colspan="3"></td></tr>
<tr><td>项目名称</td><td colspan="6">了解商业信用与财务管理</td></tr>
<tr><td>评价维度</td><td>一级指标</td><td>二级指标</td><td>评价标准</td><td>分值</td><td>评分</td></tr>
<tr><td rowspan="4">知识评价</td><td rowspan="4">专业知识</td><td>认识货币和商业信用</td><td>能够答对相应的习题，了解货币与商业的关系、信用的类型、商业信用的含义与形式</td><td>10</td><td></td></tr>
<tr><td>了解筹资方式</td><td>能够答对相应的习题，了解股票筹资、长期借款、发行债券、融资租赁的类型和优缺点</td><td>10</td><td></td></tr>
<tr><td>熟悉投资管理</td><td>能够答对相应的习题，熟悉投资的原则、类型、领域和程序</td><td>10</td><td></td></tr>
<tr><td>熟悉利润管理</td><td>能够答对相应的习题，熟悉利润的构成、利润的分配和股利政策</td><td>10</td><td></td></tr>
<tr><td>能力评价</td><td>专业能力</td><td>能够做出筹资决策</td><td>能够根据所学知识，为企业制订不同的筹资方案，并估算不同方案的筹资成本，做出筹资决策</td><td>10</td><td></td></tr>
<tr><td rowspan="2">素养评价</td><td>商业素养</td><td>具有敏锐的商业嗅觉，选择合适的投资项目</td><td>能够根据企业的经营战略选择合适的投资项目，并按照一定的程序投资</td><td>10</td><td></td></tr>
<tr><td>综合素养</td><td>具有团队协作能力和沟通协调能力</td><td>能够与小组其他成员配合完成实践活动</td><td>10</td><td></td></tr>
<tr><td rowspan="3">实践评价</td><td>实践准备</td><td>制订实践计划</td><td>小组成员分工明确，计划翔实，时间安排合理</td><td>10</td><td></td></tr>
<tr><td>实践过程</td><td>召开筹资研讨会；选择投资项目</td><td>小组成员积极讨论，认真分析各种筹资方案的优缺点；选择合适的投资项目，并执行投资计划</td><td>10</td><td></td></tr>
<tr><td>实践成果</td><td>撰写活动心得</td><td>活动心得真实生动，内容深刻</td><td>10</td><td></td></tr>
<tr><td colspan="4">总分</td><td>100</td><td></td></tr>
</table>

项目七

商业模式创新与创业

项目导读

什么是商业模式创新？商业机会从何而来？如何选择创业项目？怎样规避商业风险？怎样撰写创业计划书？

本项目主要从商业模式创新、商业机会与创业项目、商业风险，以及创业计划书4个方面阐述商业模式创新与创业，主要内容如图7-1所示。

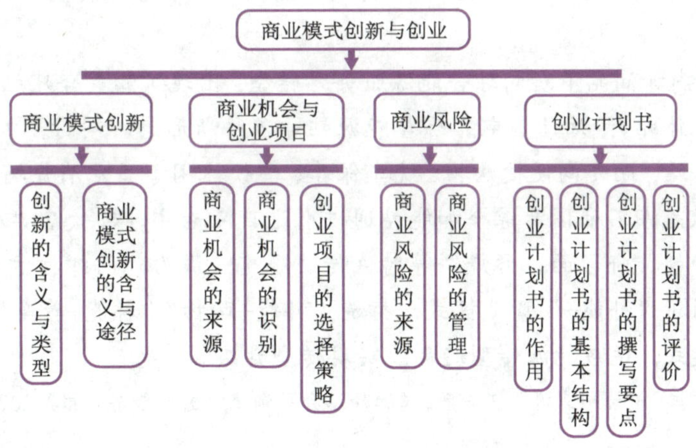

图7-1　知识框架图

学习目标

知识目标

（1）了解商业模式创新。

（2）识别商业机会，掌握创业项目的选择策略。

（3）熟悉商业风险的来源与管理措施。

能力目标

（1）能够发现商业机会，选择合适的创业项目，防范商业风险。

（2）能够撰写创业计划书，掌握创业计划书的基本结构、撰写要点。

素养目标

（1）培养创新能力，积累创新的基础知识，为创业做好准备。

（2）增强风险意识，做到防祸于未萌、图患于将来。

任务一　了解商业模式创新

任务导入

随着新能源汽车的投入使用，一些传统加油站加快了能源转型步伐，避免被历史淘汰。

目前，国内加油站不断向综合能源服务站转型，出现了油氢合建站、加油加气站、“油气电”一体站、“油气氢电”综合能源站等多种新形态。同时，加油站不再是单纯的能源补给站，而是向便捷购物、洗车保养、餐饮休闲等多元消费场景延伸。例如，中国石化安徽芜湖石油国泰综合加能站通过引进百年老字号餐饮店“耿福兴”，为顾客提供小笼汤包、虾子面、酥烧饼等特色传统小吃，成为“网红打卡点”。未来，加油站可持续创新“补能+”商业模式，打造“补能+购物”“补能+养车”“补能+餐饮”等综合服务模式，适应能源转型趋势，实现转型升级。

（资料来源：王茹雅，《加油站会被淘汰吗》，《经济日报》2024 年 3 月 28 日）

思考：除上述方式外，传统加油站还可以通过哪些方式实现商业模式创新？

创新是人类发展进步亘古不变的主题。商业模式创新是创新的一种重要形式，是创新在商业领域的应用和体现。

一、创新的含义与类型

（一）创新的含义

创新是指以提出有别于常规或常人思路的见解为导向，利用现有资源，在特定的环境中，为满足社会需要而改进原有方法、技术、理论、产品等，或创造出新方法、新技术、新理论、新产品等，并获得一定效果的行为。

从创新的含义可以看出，并不是只有重大的发明创造才是创新，改进产品、工作方法、商业模式、服务模式等也都属于创新。

（二）创新的类型

1. 产品创新

产品创新表现为企业研发和生产出性能更好，外观更美，使用更便捷、安全，更符合环保要求的产品，以更好地满足人们的需求。产品创新的实现方式有以下几种。

（1）开发具有新功能的产品。企业开发具有新功能的产品，需要综合考虑市场需求、技术可行性、竞争环境等，确保新产品既能满足消费者的需求，又能在竞争中具有优势。

（2）优化产品结构，即企业在综合考虑各种因素后，寻找到不同产品之间的最佳组合。

（3）改进产品外观，即企业改变产品的外形、图案、颜色等方面的综合表现，促进产品销量增加，产品生命周期延长。

思考与讨论

你能列举几个产品创新的例子吗？

2. 技术创新

技术创新表现为企业采用新方法或新原料生产产品，从而达到提升质量、降低成本、保护环境，或使生产过程更加安全的效果。技术创新的实现方式有以下几种。

（1）革新工艺路线。企业通过多种方式优化产品的加工顺序和各个工序中的标准工时的定额，以降低成本，提高生产效率。

（2）替代和重组材料。企业在产品设计或制造过程中，用一种材料替换另一种材料，或者通过改变材料的组成、结构或形态，创造出具有新性能或新用途的材料。

（3）革新工艺装备。在产品制造过程中，企业使用更智能化、数字化的工具。智能化、数字化的工艺装备可以实现自主学习、自适应和自我诊断，从而降低生产成本。

（4）革新操作方法。企业用更省力、更高效的操作方法，代替一些传统的操作方法。

思考与讨论

你能列举几个技术创新的例子吗？

3. 制度创新

制度创新表现为企业从社会经济角度调整其经营理念、经营方式、分配方式、生产方式等，以推动企业发展。制度创新包括产权制度、经营制度和管理制度等的调整和优化。

博学慎思

从前，有7个人一起居住，他们每天都面对如何平均分配一锅粥的问题。

刚开始，他们抓阄决定谁来分粥。结果他们发现，只有自己分粥那天能吃饱。

后来，他们推选出一个道德高尚的人来负责分粥。但很快，他们发现因为这个人大权独揽，不受制约，其他人开始挖空心思地讨好他，搞得整个小团体乌烟瘴气。

于是，大家开始组建分粥委员会，相互监督。这样做比之前公平许多，但是降低了分粥效率，造成大家每天都喝凉粥。

最后，大家决定轮流分粥，分粥的人要等其他人都挑完后拿剩下的最后一碗。为了不让自己吃到最少的一碗粥，每个人都尽量分得平均。大家都觉得非常公平、合理。

思考：结合分粥的例子，谈谈制度创新是怎样不断调整和优化的。

4．职能创新

职能创新是指企业在计划、组织、控制、协调等管理职能方面采用新方法和新手段。例如，某企业实行“自助餐式”奖励制度，即员工可以从企业提供的列有多种福利项目的“菜单”中选择自己所需要的福利。又如，通过在线会议、即时通信等远程协作工具，不同地域、不同背景的企业成员可以实时交流和协作，共同完成任务。

5．结构创新

结构创新表现为企业设计和应用新的组织结构。随着科技的不断进步，传统的组织结构已经无法满足企业发展的需要。各企业纷纷推动产业升级和转型，积极融入数字经济、互联网经济和共享经济，从而提高收益。

二、商业模式创新的含义与途径

（一）商业模式的含义

商业模式又称“经营模式”“业务模式”，是指企业为了满足消费者需求，将内外各要素整合起来，形成一个完整、高效、有竞争力的运行系统，并使运行系统持续盈利的整体解决方案。

简单地说，商业模式表现为企业通过什么方式或途径来赚钱。例如，饮料公司通过卖饮料来获得利润；快递公司通过为客户送快递并收取服务费的方式来获得利润；网络公司通过提高点击率，为第三方打广告的方式来获得利润；等等。

（二）商业模式创新的途径

商业模式创新表现为企业优化可利用资源的组合方式，改善其价值创造能力。具体来说，商业模式创新的途径主要有以下几种。

商业模式创新的途径

1. 基于价值链的商业模式创新

价值链是指企业创造价值的一系列主要活动及相关支持活动。企业在开展基于价值链的商业模式创新时，主要关注价值链的定位与设计。例如，企业围绕消费者的需求确定价值链中重要的部分，并以此为中心，对非重要部分进行调整，从而实现商业模式创新。又如，企业专注于高利润活动，将其他活动外包出去，从而实现商业模式创新。

奥美公关是一家营销业务代理商，主要为各品牌提供创意服务。它凭借与可口可乐的合作在营销领域享有盛誉。

众所周知，可口可乐的核心业务是生产和销售各类饮料。可口可乐将品牌营销业务外包给奥美公关，并在奥美公关的帮助下成功塑造了独特的品牌形象，确定了其在饮料市场的领先地位。在将营销业务外包出去后，可口可乐更加专注于产品创新和研发，不断优化产品线。依赖其强大的分销网络，可口可乐成为全球最成功的饮料品牌之一。

思考：除上述例子外，你还知道哪些基于价值链的商业模式创新的例子？

2. 基于竞争优势的商业模式创新

企业的竞争优势可能来自多个方面，如产品、价格、营销、技术、品牌等方面。企业在开展基于竞争优势的商业模式创新时，要不断寻找和创造竞争优势，以应对市场的变化和竞争的压力。例如，美团外卖为消费者提供便捷的外卖服务，满足了消费者的需求，创造了独特的竞争优势。

3. 基于价值网络的商业模式创新

这种商业模式创新的重点在于构建独特的价值网络，设计各种交易机制，将企业自身与价值创造伙伴联系起来，以形成创造价值的合力。企业在开展这种商业模式创新时，可以选择做交易的组织者、交易平台的构建者或中介者，具体如表 7-1 所示。

表 7-1　基于价值网络的商业模式创新的策略

策略	说明
做交易的组织者	企业将供应链上各个成员组织起来，与他们在关键环节建立合作关系
做交易平台的构建者	打造交易平台是很多互联网公司开展商业模式创新的常用策略，可以把原来不可能实现的交易变成现实
做中介者	企业若作为交易过程中的中介者，一是要采用有效的机制，保证交易的顺利进行；二是要维护价值网络，提高企业的服务能力

4. 基于资源能力的商业模式创新

这种商业模式创新的重点在于发掘和利用新资源，或者充分挖掘现有资源的潜在价值，从而提高企业的竞争力。企业发掘和利用新资源，可以为企业创造新的价值提供支撑；企业创造性地利用现有资源，可以围绕自身独特的优势，挖掘现有资源的潜能，建立新的商业模式，以实现利润增长。例如，企业可以将员工的创意和想法转化为实际的商业价值，为企业创造更多的竞争优势。

5．基于收入模式的商业模式创新

企业在开展这种商业模式创新时，主要通过改进收入机制来增加收益，扩大收入来源。该商业模式创新的策略如表 7-2 所示。

表 7-2　基于收入模式的商业模式创新的策略

策略	说明
利用互补品	企业利用互补品实现商业模式创新有两种方式：一是“产品+产品”的互补，如低利润的打印机+高利润的墨盒；二是“产品+服务”的互补，如低利润的手表零件+高利润的手表维修服务
从“免费”到“收费”	企业在免费服务或功能的基础上提供收费的增值服务或高级功能，如数据分析功能、个性化定制服务或高效的工具等
由第三方付费	企业不需要消费者付费，而是通过让其他利益相关方付费获得收益。例如，某小说阅读软件为用户免费提供小说，以植入广告的方式获利
“多收入流”	企业通过多种不同方式或渠道获得收入。例如，某动画公司将其知名卡通角色和故事授权给玩具制造商、服装品牌等，获取版权费

任务考核

一、单选题

1．下列有关创新的说法中，错误的是（　　）。

A．并不是只有重大的发明创造才是创新，改进产品、工作方法、商业模式、服务模式等也都属于创新

B．产品创新表现为企业研发和生产出性能更好，外观更美，使用更便捷、安全，更符合环保要求的产品，以更好地满足人们的需求

C．制度创新表现为企业采用新方法或新原料生产产品，从而达到提升质量、降低成本、保护环境，或使生产过程更加安全的效果

D．职能创新是指企业在计划、组织、控制、协调等管理职能方面采用新方法和新手段

2．企业不需要消费者付费，而是通过让其他利益相关方付费来获得收益，这是（　　）策略。

A．利用互补品　　B．从“免费”到“收费”

C．由第三方付费　　D．“多收入流”

3．企业围绕消费者的需求确定价值链中重要的部分，并以此为中心，对非重要部分进行调整，是基于（　　）的商业模式创新。

A．价值链　　B．竞争优势

C．价值网络　　D．收入模式

二、多选题

1．基于收入模式的商业模式创新策略有（　　）。

A．做交易的组织者　　B．做交易平台的构建者

C．从“免费”到“收费”　　D．“多收入流”模式

2．技术创新的实现方式有（　　）。

A．革新工艺路线　　B．革新工艺装备

C．替代和重组材料　　D．改进产品外观

三、简答题

1．简述创新的类型。

2．简述商业模式创新的途径。

任务二　探寻商业机会并选择创业项目

任务导入

小林和小贤是上海某高校的在校生。小林是设计专业的学生，想创办一家广告设计公司；小贤则长期从事电脑硬件装配的工作，想凭一技之长创业。在上海宝山区就业促进中心和上海某高校双创中心的合力推动下，他们两人合作创办了一家广告设计有限公司，并揭牌营业。

就业促进中心的专家为他们提供了许多建议。一方面，作为在校生，他们要利用一切空闲时间做设计，提高业务能力；另一方面，作为创业者，他们需要具备商业思维，多与目标客户接触，分析他们的喜好，为他们提供有价值的服务。

（资料来源：葛俊俊、轩召强，《助推大学生创业项目扬帆起航，宝山区在行动》，人民网，2023年6月1日）

思考：怎样识别商业机会？怎样选择创业项目？

一、商业机会的来源

商业机会是指在社会经济活动中产生的一种带有偶然性且能被创业者识别和利用的契机。商业机会主要源于以下 4 种变革：技术变革、政策和制度变革、社会和人口结构变革、产业结构变革。

（一）技术变革

技术变革提供了新的技术或手段，使人们能够去做以前不可能做到的事情，或者更高效地去做以前只能低效完成的事情。原创性、颠覆性的技术变革，能够加速新质生产力的发展，使科技创新成果竞相涌现。同时，技术变革也能改变企业之间的竞争模式，为创业者带来大量机会。例如，物联网技术、人工智能技术等的出现为共享单车的诞生创造了技术条件，为致力于改变人们出行方式的创业者带来了商业机会。

知识纵横

新质生产力

新质生产力是由创新起主导作用，摆脱传统经济增长方式、生产力发展路径，具有高科技、高效能、高质量特征，符合新发展理念的先进生产力。企业若将新质生产力应用到具体产业和产业链上，能够改造提升传统产业，培育壮大新兴产业，完善现代化产业体系。

以新质生产力的代表——人工智能产业为例，截至 2023 年底，中国累计发布了 200 多个人工智能大模型，其中有 20 多个人工智能大模型已得到应用。未来，越来越多的人工智能大模型会通过改变生产方式、人机交互方式、传统商业模式、产业形态和竞争格局等，推动经济社会持续健康发展。

（二）政策和制度变革

政策和制度变革往往意味着打破禁区、消除障碍、扭转价值观念和创造新的价值，能够带来大量的商业机会。例如，环境保护和治理政策的出台，会将那些环境污染型企业的资源转移到生态文明建设领域，给环境友好型企业带来一些商业机会；专利保护制度的严格执行，使那些缺乏核心技术的企业沦为加工厂或破产倒闭，为拥有核心专利技术的人员带来了商业机会。

思考与讨论

除上述例子外，你还知道哪些因政策和制度变革而产生的商业机会？

（三）社会和人口结构变革

社会和人口结构变革可以改变人们的偏好或创造新的需求，从而带来商业机会。例如，随着经济的发展，人们的收入水平普遍提高，人们对精神生活的追求日益强烈，咖啡书吧（见图 7-2）应运而生；随着生活节奏加快，人们的生活压力剧增，人们对休闲度假的需求增加，带来了旅游活动相关的商业机会；人口老龄化和生育政策的调整，使人们对老年人健康保障用品、幼儿护理服务、亲子教育服务等的需求增加，带来了相关领域的商业机会；等等。

图 7-2 咖啡书吧

（四）产业结构变革

产业结构是指一个国家或地区的产业组成（即各产业所占比重）、产业发展水平及产业间的经济联系（即产业间相互依存、相互作用的方式）。随着社会生产力的发展，产业结构会不断发生变革，从而带来商业机会。例如，信息产业在国民经济中所占的比重越来越大，催生了信息设备制造、信息采集与存储、信息传递与交换等各个领域的商业机会。

二、商业机会的识别

创业者可以通过以下几种方法识别商业机会。

（一）环境分析

借助于市场调研，从环境变化中挖掘机会，是识别商业机会的常见方法。创业者可以从企业的宏观环境（政治、经济、法律、技术、文化等方面）和微观环境（消费者、竞争对手、供应商等）的变化中识别商业机会。例如，创业者看到文旅消费火热的现象，可以推测旅游产品和文创产品的开发方面存在商机。

博学慎思

小伊曾在一家主要做格鲁吉亚物流运输业务的企业打工，在那里，他自学了俄语。几年后，小伊打算自己创业，做外贸生意。

“当时共建‘一带一路’倡议提出两年，格鲁吉亚又是最早响应该倡议的国家之一，我想借此找到新商机。”一次偶然机会，小伊的朋友向他推荐了格鲁吉亚红酒，这让他感到新奇：“我做格鲁吉亚物流运输业务这么久了，都不知道格鲁吉亚红酒，那么大部分中国消费者可能也不知道。”

小伊了解后得知，格鲁吉亚有悠久的葡萄酒酿造历史，其陶罐酿酒工艺还是世界非物质文化遗产。于是，他开始潜心研究并着手进口格鲁吉亚红酒。2015 年，小伊创办的以格鲁吉亚红酒文化为主题的推广体验中心在义乌落地。2018 年，中国与格鲁吉亚自贸协定正式生效，小伊的生意有了更大的拓展空间。如今，小伊已经创立了自己的红酒品牌，并和格鲁吉亚的 15 个酒庄达成合作，每年进口格鲁吉亚红酒约 54 万瓶。

思考：小伊是怎样通过环境分析识别商业机会的？

（二）问题分析

创业者往往能通过分析现存问题发现一些商业机会。在分析过程中，创业者可以全面了解消费者的需求，以及可能用来满足这些需求的手段，进而提出解决方法，发掘商业机会。例如，城市化进程加速，导致交通拥堵问题严重，创业者为缓解交通压力，研发了拼车、顺风车等新型交通方式，极大地提高了人们的出行效率。

（三）消费者建议

消费者通常会提出一些像“如果那样的话不是更好吗？”之类的非正式建议，这些建议有利于创业者发现商业机会。创业者应多关注消费者建议，以便从中识别商业机会。

博学慎思

星巴克是全球最大的连锁咖啡店之一。然而，咖啡店在客流量较大时会比较嘈杂。有消费者反馈：“店内环境嘈杂，影响消费体验，希望你们能提供安静的环境。”对此，星巴克做出了积极回应，并在一些门店试行了“安静时段”计划。在这个时间段内，门店会调低音乐音量、减少咖啡机等设备的噪音、鼓励顾客轻声交谈等。

随着咖啡文化的普及，能为消费者提供安静环境的星巴克不仅仅是一个咖啡店，更是很多消费者工作、学习、休闲的空间。

思考：星巴克是怎样通过聆听消费者建议来识别商业机会的？

（四）技术创新

通过技术创新获得商业机会的方法比其他方法的难度都大，风险也更高，但一旦成功，其所带来的回报也更大。创业者有时是为了满足现有的市场需求而开展技术创新活动，有时是在满足现有的市场需求后，积极探索新技术及其商业价值，进而发现新的商业机会。

近年来，智能穿戴设备迅速发展，其目标消费者多是热爱运动的年轻人。随着人口老龄化，以及人们对健康的关注度不断提高，智能穿戴设备的生产与销售企业将目光投向医疗保健领域，通过技术创新，扩大了目标消费群体。

升级后的智能穿戴设备结合了先进的传感器技术、数据分析技术和物联网技术，在性能上有了极大的提升，能够实时监测用户的心率、血压、血糖等，评估用户的睡眠质量、运动情况等，并根据用户的个人健康状况和需求，提供定制化的健康监测和管理服务。

思考：除上述例子外，你还能列举哪些通过技术创新识别商业机会的例子？

三、创业项目的选择策略

创业项目的选择策略

创业项目是由商业机会转化而来的，商业机会具有多样性和不确定性，这要求创业者必须识别商业机会，选择好的创业项目。常见的创业项目的选择策略有以下几种。

（一）分析消费者需求

某创业成功人士说：“别人的困难往往就是企业成功的机会。”解决别人的“痛点”，挖掘消费者或潜在消费者尚未被满足的需求，是创业最好的切入点之一。很多创业者或创业团队都是从自己或身边人尚未被满足的需求做起的。

例如，城市交通拥堵、打车难是出行者的“痛点”，各种打车软件便应运而生；餐馆多、难甄别是消费者的“痛点”，餐饮点评网站便应时而现；一些大学生对学校食堂饭菜不甚满意且懒于走动，各种外卖平台便出现了。

以小组为单位，找出自己或身边人的“痛点”，并运用头脑风暴法，激发创新思维，解决这些实际问题。

（二）解决现有商品的问题

市场上销售的商品总会存在这样或那样的问题：有的样式单调，有的颜色单一，有的功能或性能不够完善，有的结构不合理，等等。创业者可以通过调查分析，针对现有商品存在的问题，对商品进行改进和完善，在解决问题的过程中选定创业项目。

（三）分析热销商品的使用场景

创业者可以将热销商品作为对象，认真分析热销商品的使用场景，通过为消费者提供热销商品相关的商品或服务来选定创业项目。

例如，有人分析了智能手机的使用场景，发现了背后的商机，于是，手机贴膜、手机支架、自拍杆、充电宝、各类应用 App 应运而生。

（四）分析市场供求

市场需求不仅多样，而且多变。因此，市场需求总量和市场供给总量之间往往都会存在一定的差距。即使有时市场供求总量平衡，但供求结构不一定平衡。创业者可以通过分析市场供求及其结构的差异，从中发现商业机会，选定创业项目。

例如，随着绿色、低碳的生活理念深入人心，以有机农业生产方式生产的有机食品受到消费者青睐，有机食品市场供不应求。一些传统的食品生产加工企业找准机会，开始经营有机食品，以满足消费者安全、健康的饮食需求。

（五）研究细分市场

整体市场上消费者需求具有较大差异性，企业根据消费者的不同需求，把某种商品的整体市场划分成的若干个消费者群体（子市场），每一个消费者群体就是一个细分市场。通过研究细分市场，创业者可以找出某类消费者的共同特点，然后针对这些特点研发产品，进而选择创业项目。

Z 公司主要生产老年人鞋子。在研究细分市场消费者的共同特点时，Z 公司发现随着年龄的增长，人的脚部会发生一些生理变化，如足弓塌陷、足部肌肉萎缩等。Z 公司针对老年人的生理特点，设计出了具有减震、支撑和防滑功能的老人鞋。

此外，老年人在购买鞋子时也很注重产品的质量和服务。对此，Z 公司在设计鞋子时，做到了既简洁大方，符合老年人的审美，又易于穿脱，透气性好，舒适度高。同时，Z 公司的门店还支持送货上门、包邮到家，为老年人提供便捷、贴心的服务。这使 Z 公司在该细分市场占据领先地位，赢得众多消费者的信赖。

思考：除上述例子外，你还能列举哪些通过研究细分市场识别商业机会的例子？

（六）发挥自身特长

创业者可以结合自身的专业特长，认真分析市场需求和自身情况，进而选定创业项目。这样往往能最大限度地激发自身的创业激情，并提高创业成功率。

任务考核

一、单选题

1．下列有关商业机会的说法中，错误的是（　　）。

A．技术变革提供了新的技术或手段，使人们能够去做以前不可能做到的事情，或者更高效地去做以前只能低效完成的事情

B．政策和制度变革往往意味着打破禁区、消除障碍、扭转价值观念和创造新的价值，能够带来大量的商业机会

C．社会和人口结构变革可以改变市场供给，从而带来商业机会

D．随着社会生产力的发展，产业结构会不断发生变革，从而带来商业机会

2．物联网技术、人工智能技术等的出现为智能共享单车的诞生创造了技术条件，为致力于改变人们出行方式的创业者带来了商业机会。这属于（　　）带来的商业机会。

A．技术变革　　B．政策和制度变革

C．社会和人口结构变革　　D．产业机构变革

3．大学城里的复印店较少，每到毕业季店内总是排长队。因此，小明将自助打印作为创业项目，并取得了成功。这是通过（　　），选择创业项目。

A．解决现有商品的问题　　B．分析市场供求

C．研究细分市场　　D．发挥自身特长

二、多选题

1．识别商业机会的方法有（　　）。

A．环境分析　　B．问题分析

C．消费者建议　　D．技术创新

2．下列商业机会，源于政策和制度变革的有（　　）。

A．随着生活节奏加快，人们的生活压力剧增，对休闲度假的需求增加，带来了旅游活动相关的商业机会

B．环境保护和治理政策的出台，会将那些环境污染型企业的资源转移到生态文明建设领域，给环境友好型企业带来一些商业机会

C．老龄化和生育政策的调整，使人们对老年人健康保障用品、幼儿护理服务、亲子教育服务等的需求增加，带来了相关领域的商业机会

D．专利保护制度的严格执行，使那些缺乏核心技术的企业沦为加工厂或破产倒闭，为拥有核心专利技术的人员带来了商业机会

3．通过研究细分市场选择的创业项目有（　　）。

A．小张通过研究骑行爱好者的需求，选择山地自行车作为创业项目

B．小林在当地文旅大热时，将销售文创周边作为创业项目

C．小周在了解减肥人群的饮食习惯后，选择减脂餐作为创业项目

D．小齐发挥自己特长，设计出一款功能齐全的空气净化器

三、简答题

1．简述商业机会的来源。

2．简述创业项目的选择策略。

任务三　规避商业风险

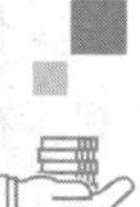

任务导入

近年来，汉服成功“出圈”，促成消费新蓝海。汉服消费者往往在社交平台晒出照片与“同袍”（汉服爱好者）分享。他们穿汉服的场景也相当丰富，包括旅游、拍摄写真、参加文创市集等。同时，汉服消费者的偏好也各不相同，严谨考据复原朝代形制的汉服、改良版汉服、仙气飘逸的类古装等三大类汉服各有受众。

但是，目前我国汉服企业存在诸多问题，所提供的产品尚不满足日益增长的汉服消费需求。首先，部分汉服企业的定价过高，并实行预售制，使消费者等待收货的时间过长。其次，中低端汉服企业的品牌定位不清晰，存在同质化竞争。最后，汉服企业管理者的版权保护意识较差，不重视申请专利、注册商标。如果一家汉服企业推出新品而数家汉服企业模仿，则汉服市场会出现“劣胜优汰”的情况，久而久之便会失去活力。

（资料来源：钟子琦，《汉服促成消费新蓝海》，《经济日报》2022 年 8 月 21 日）

思考：创业者如果选择汉服作为创业项目，应该规避哪些商业风险？

一、商业风险的来源

商业风险无处不在，环境的不确定性、商业机会与企业运营的复杂性，以及创业者、

创业团队能力的局限性等，都可能导致创业活动偏离预期目标。商业风险的来源十分广泛，主要来自以下几个方面。

（一）市场风险

市场风险是指市场情况的不确定性所导致的创业失败的可能性。市场供求的变化、市场对产品的接受度、产品价格变化、市场战略失误等，都可能给创业活动带来一定的市场风险。

（二）竞争风险

竞争是普遍存在的。一旦选择创业，创业者就应深入思考如何参与竞争并获得竞争优势。例如，一些大企业为了吞并或挤垮小企业，通常会采用低价销售的手段。对大企业来说，因其规模较大、实力雄厚，短期的低价销售策略并不会对其造成太大的影响；而对初创企业来说，因其规模较小，参与价格竞争会导致企业面临较大的经营风险，所以应选择差异化策略。

（三）资金风险

创业者对创业所需资金估计不足、创业资金筹措不及时、财务结构不合理、融资不当、现金流管理不力等，都可能导致企业实际营收不达预期，引发一定的资金风险。一旦流动资金不足，企业就会遇到运营困难，甚至会破产倒闭。

（四）技术风险

技术风险是指技术方面的因素导致创业活动偏离预期目标的可能性。技术研发、技术前景、技术寿命、技术效果和技术成果转化的不确定性等，都可能带来技术风险。

（五）团队风险

团队的稳定性对于企业发展至关重要。创业团队能通过协同合作使企业发展壮大，但是，一旦创业团队的核心成员在重要决策上产生分歧，企业发展就可能受到强烈的冲击。此外，创业团队在股权、利润分配等问题上不能达成一致时，企业发展也容易受到冲击。

思考与讨论

除了上述风险，你还能想到哪些商业风险？

二、商业风险的管理

中海集团的资金风险防范

商业风险的管理主要包括风险识别、风险评估和风险防范几个方面。

（一）风险识别

风险识别是指企业管理人员在搜集资料和调查研究的基础上，运用各种方法对尚未发生的潜在风险进行全面识别和系统归类的过程。风险识别的内容包括查明风险来源、预估风险事件的可能后果、确定对企业构成威胁和为企业带来机会的因素。风险识别的具体方法主要有以下几种。

（1）现场观察法。管理人员直接观察企业的生产经营设施和具体业务活动，实地了解和掌握企业面临的各种风险。

（2）业务流程法。管理人员制作企业经营流程图，并针对流程中的关键环节和薄弱环节进行调查分析，找出存在的风险，进而分析该风险存在的原因和可能造成的损失。

（3）财务报表法。管理人员通过分析资产负债表、损益表和现金流量表等报表，分析企业的潜在风险及其可能造成的损失。因为企业的经营活动最终都要涉及商品和资金，而财务报表可集中反映商品和资金的流转情况，所以财务报表法具有普适性，也比较客观、准确。

（4）咨询法。管理人员可以委托专业的咨询公司，由咨询公司对企业进行风险调查和识别，并给出专业的风险管理方案。

（二）风险评估

风险评估以风险识别为基础，同时为风险防范提供可靠的依据。在评估风险时，管理人员先按照风险的发生概率划分大概率风险、一般概率风险和小概率风险，然后分析风险事件可能带来的损失，最后综合考虑风险事件的发生概率、可能带来的损失、风险管理的费用等，决定是否采取风险防范措施及防范措施的程度。

以小组为单位，查找风险评估的具体实例，并模拟风险评估过程。

（三）风险防范

若管理人员在评估风险后，认为某类风险的发生概率较大，同时会给企业带来较大的损失，就应针对该类风险采取相应的防范措施，如表 7-3 所示。

表 7-3 商业风险的防范措施

商业风险	防范措施
市场风险	（1）以市场为导向，以消费者的需求为出发点，有针对性地组织生产 （2）时刻关注市场变化，及时规避市场风险 （3）广泛收集市场信息，并加以分析比较，进而制订有效的市场营销策略 （4）建立符合自身产品特点的销售网络 （5）提供良好的售后服务
竞争风险	（1）提高产品质量，丰富产品种类 （2）关注竞争对手的动向，找到竞争对手的弱点，借此找到市场竞争的突破口
资金风险	（1）合理估算创业所需资金 （2）提升企业信用，以提高从正规渠道筹集资金的成功率 （3）权衡企业的当前利益与长远利益，设置合理的财务结构 （4）妥善管理现金流，避免现金断流 （5）加强成本管理，杜绝不必要的开销
技术风险	（1）加强技术创新方案的可行性论证，减少技术开发与技术选择的盲目性 （2）组建技术联合开发体或建立创新联盟等，规避技术风险 （3）重视专利申请、技术标准申请等，用法律手段规避技术风险
团队风险	（1）谨慎选择创业团队成员 （2）构建团队的共同价值观，使团队成员在“创业使命”“共同目标”等关键命题上达成共识，并自觉约束自己的言行 （3）制定团队管理制度，规范团队纪律，用良好的制度和纪律来约束团队成员

商业观察

莫让露营经济“来去匆匆”

一段时间以来，在城市近郊寻觅一片草地、搭起一顶帐篷的露营旅游蔚然成风，成为亲朋聚会、家庭出游热衷的消遣方式。随着跨省游、出境游市场回暖，露营旅游似乎不再“吃香”，不少露营地宣布停止运营。

面对热度的下降，有关各方亟须推动行业的规范、有序发展，突出特色与差异化，才能避免让露营经济“来去匆匆”。

对于露营经营者而言，规避这类市场风险需要摒弃急功近利的经营思维，转向精细化运营，提升服务品质。“好服务才有回头客”，露营经营者通过提供高质量的露营体验，让消费者“常回来看看”，才能实现可持续经营。

对于地方文旅部门而言，规避这类市场风险可以将露营旅游休闲与当地的风土人情相结合，为消费者打造充满地方性体验的露营场景，激发旅游休闲消费新活力。

任务考核

一、单选题

1. 关于防范团队风险的措施，下列说法错误的是（　　）。

A. 谨慎选择创业团队成员

B. 关注竞争对手的动向和用户需求，找到竞争对手的弱点

C. 制定团队管理制度，规范团队纪律

D. 构建团队的共同价值观

2. 企业在进入某一个领域时，受到同行的强烈排挤。这属于（　　）。

A. 资金风险　　B. 技术风险

C. 竞争风险　　D. 市场风险

3.（　　）以（　　）为基础，同时为（　　）提供可靠的依据。

A. 风险识别　风险评估　风险防范　　B. 风险评估　风险识别　风险防范

C. 风险防范　风险识别　风险评估　　D. 风险防范　风险评估　风险识别

二、多选题

1. 识别商业风险的方法有（　　）。

A. 咨询法　　B. 现场观察法

C. 业务流程法　　D. 财务报表法

2. 防范技术风险的方法有（　　）。

A. 以市场为导向，以消费者的需求为出发点，有针对性地组织生产

B. 加强技术创新方案的可行性论证

C. 组建技术联合开发体

D. 重视专利申请、技术标准申请

3. 下列关于商业风险的说法中，正确的是（　　）。

A. 一旦流动资金不足，企业就会遇到运营困难，甚至会破产倒闭

B. 市场供求的变化可能给创业活动带来一定的市场风险

C. 竞争对手的低价销售策略不会给初创企业带来竞争风险

D. 创业团队在股权、利润分配等问题上不能达成一致时，企业发展也容易受到冲击

三、简答题

1. 简述商业风险的来源。

2. 简述资金风险的防范措施。

任务四　撰写创业计划书

任务导入

王杰是一名从事太阳能技术研究的工程师。经过多年研究，他在利用太阳能方面取得了一项重大突破。这项技术如果能应用在实际生活中的话，将会创造巨大的价值。于是，他准备借此机会创业，并多次与一些风险投资机构洽谈。

在洽谈中，虽然王杰反复向投资方强调技术多么先进、应用前景多么广阔，并保证投资他将来会获得很大的回报，但他始终没有获得投资方的信任。

后来，一位做咨询管理的朋友提醒王杰，他的技术比较专业，如果没有创业计划书来做进一步说明，很难让人信服。于是，在向相关专家咨询和查阅大量资料后，王杰开始从经营宗旨、战略目标出发，详细分析了技术、产品、市场销售、资金需求、财务指标、投资收益等，同时还通过市场调研的方式获取了市场需求量、年回报率等详细的数据资料。

一个多月后，王杰做出了一份创业计划书。凭着这份创业计划书，他很快与一家风险投资机构达成了投资协议，得到了资金支持。如今，他的公司经营得红红火火。谈到创业经验，王杰说，创业计划书不仅仅是一篇文章，其编写过程是不断整理创业思路的过程。创业者只有把自己的思路理清楚了，才能获得投资者的信任。

思考：创业计划书有哪些作用？

一、创业计划书的作用

创业计划书又称“商业计划书”，是指创业者就某一具有市场前景的新产品或服务向投资者进行游说，以取得风险投资的商业可行性报告。通常来说，投资者会在对创业者的创业计划书仔细研究、分析后，判断该企业是否值得投资。因此，创业者必须用心撰写创业计划书。

创业计划书发展至今已经由单纯面向投资者转变为企业加强对外宣传和对内管理的工具，其作用具体表现在以下几个方面。

（一）帮助创业者把握创业思路

创业计划书可以看作创业者为自己量身定制的一面镜子。在撰写过程中，创业者必须理性分析和全面审视自己的创业计划与思路，明确经营理念，系统构建企业经营的战略蓝图，并使团队内部统一认识、明确方向。在研究和编写创业计划书的过程中，创业者经常会发现实际情况与所期望的不一样，此时创业者应根据实际情况采用不同的策略，使创业计划书更加可行。

（二）帮助创业者管理企业

市场上的生产要素是分散的，市场信息也是凌乱的，因此，创业者在撰写计划书的过程中要先分析市场信息，再合理分配生产要素，最终实现资源的有效整合，形成完整、流畅的商业运作计划。

此外，创业计划书还列明了企业的现状、发展方向、效益评价体系和管理标准，这有助于创业者对企业发展中的每一步做出客观的评价，并及时根据具体的经营情况调整经营目标，完善管理方法。

（三）宣传企业，聚集人才

创业计划书是创业者与内外部组织及人员（如企业员工、潜在消费者、商业银行、投资者等）进行良好沟通的工具，也是企业进行对外宣传的重要工具。一份优秀的创业计划书，既能让投资者看到公司的发展潜力，又能吸引志同道合的人一起加入创业团队。

思考与讨论

除了上述作用，创业计划书还有哪些作用？

二、创业计划书的基本结构

（一）封面

封面又称“标题页”，一般应包含以下内容：创业计划书编号、标题、企业名称、日期等。其中，标题明确了创业项目的名称，体现了企业的经营范围，一般以醒目的字体标示出来。

（二）扉页

扉页主要由上、下两部分构成：上半部分提出保密要求，简单介绍创业者或创业项目的情况，以便投资者初步了解该项目；下半部分写明创业者的联系方式，如团队名称，负责人或联系人的姓名、电话、电子邮箱等信息，以便投资者核实情况并及时与创业者取得联系。

（三）目录

目录是正文的索引，按照章节顺序逐一排列每章大标题、每节小标题，以及各章节对应的页码。创业者在创业计划书定稿后，要注意确认目录页码与内容的一致性。

（四）正文

正文是创业计划书的主要内容，包括摘要、主体和结论三大部分。

1. 摘要

摘要主要包括企业的基本情况、市场地位、营销战略、管理策略，以及创业项目的发展前景及风险预测等。摘要既是创业计划书的引文，要能引起投资者的阅读兴趣；又是创业计划书的总纲，要让投资者对创业计划书的内容有整体的认知。

摘要是对整个创业计划书的精华式总结，通常在创业计划书的主体完成后编写。一份出色的摘要应简短而精练，1～2 页纸即可。

知识纵横

创业者在摘要中应解答的关键问题

为了让投资者全面了解创业计划书的大概内容，创业者在撰写摘要时应解答下列关键问题。

第一组问题

你的创意来源于什么？

你的经营理念是什么？

你能准确、客观地描述目标市场吗？

你能给目标客户带来什么价值？他们为什么接受？

企业的预期市场占有份额和预期增长率是多少？

企业最大的竞争者是谁？企业将如何应对？

第二组问题

企业预计需要多少资金？怎么安排这些资金？

企业的销售额、成本及利润情况如何？

企业何时能达到盈亏平衡点？

企业使用哪种分销渠道？

企业的核心竞争力是什么？

企业有专利吗？如何保护该项专利？

第三组问题

创业团队能完成这一项目吗？为什么？

> 你将如何为团队成员分工？
> 你有明确的行动时间安排表吗？
> 你能胜任创业带头人吗？

2. 主体

为了让投资者一目了然，主体部分一般按分章节的方式详细介绍摘要内容。主体的内容包括企业介绍、市场分析、市场预测、产品或服务介绍、人员及组织结构、生产计划、营销策略、财务规划和风险分析等。

3. 结论

结论是对整个创业计划书的总结。它和摘要首尾呼应，体现了创业计划书的完整性。

（五）附录

附录是对主体部分的补充。受篇幅限制，不宜在主体部分过多描述和详细展示的内容，或者必要的参考资料、数据等，一般放在附录，以供投资者参考。

附录有附件、附图和附表 3 种形式，主要内容如下。

（1）创业团队的相关材料，如团队名单及成员简介、产品说明书及相关材料、专利相关材料、宣传材料等。

（2）生产设备、技术和服务相关的资料，如设备清单、工艺流程图、生产技术与方案等。

（3）市场营销的相关资料，如客户、供应商和经销商名单，市场调研和预测资料，产品宣传相关资料等。

（4）财务资料，如现金流量预测表、资产负债预测表、利润预测表等。

三、创业计划书的撰写要点

如何写好一份创业计划书

不同创业项目的创业计划书内容虽然不尽相同，但是其通常都包括以下要点。

（一）企业介绍

企业介绍中应包含企业的基本情况，如企业的名称、组织形式、注册地址、产品或服务、未来的发展规划等。

（二）市场分析

市场分析在整个创业计划书中起着举足轻重的作用，它主要包括目标市场分析、行业分析、竞争对手分析等内容。

1．目标市场分析

企业根据产品本身的特性选择某一细分市场作为其主要服务对象或销售目标。

在分析目标市场时，创业者通常要回答以下问题。

（1）企业选择的目标市场有多大？

（2）企业的目标是占多少市场份额？

（3）企业的目标消费者是哪类人？

（4）企业的营销策略是什么？

2．行业分析

只有充分认识行业的发展规律，认清行业的发展方向，创业者才能确立合理的企业发展目标。创业者可以分析所选行业的整体状况及关键性的影响因素来把握该行业的基本特点、竞争状况及未来发展趋势。

在分析行业时，创业者通常要回答以下问题。

（1）该行业的规模有多大？

（2）该行业目前处于萌芽期、成长期、成熟期还是衰退期？该行业未来的发展趋势如何？

（3）该行业的利益相关者有哪些？分析消费者、供应商等的基本情况。

（4）该行业的影响因素有哪些？分析国家的政策导向、社会文化环境、行业壁垒等因素。

3．竞争对手分析

竞争对手通常与企业提供相同或类似的产品和服务，并在配置和使用资源的过程中与企业形成竞争。

在分析竞争对手时，创业者通常要回答以下问题。

（1）企业的竞争对手有哪些？企业最强大的竞争对手是谁？

（2）竞争对手的优势在哪里？他们有什么新动向？

（3）企业具备哪些竞争优势和劣势？企业该如何发挥优势，弥补劣势？

（4）企业能否承受竞争所带来的压力？

（5）企业将采取什么策略战胜竞争对手？

（三）市场预测

在阐述市场预测结果时，创业者应着重阐述市场需求预测和市场竞争预测。

在预测市场需求状况时，创业者通常要回答以下问题。

（1）市场上是否存在对这种产品或服务的需求？

（2）需求规模有多大？

（3）市场需求具有怎样的发展趋势？

（4）市场需求是否可以带来企业预期的利益？

在预测市场竞争状况时，创业者通常要回答以下问题。

（1）企业预期的市场占有率是多少？

（2）企业进入市场会引起竞争对手怎样的反应？这些反应对企业产生什么影响？

（四）产品或服务介绍

投资者非常关心企业的产品或服务能在多大程度上解决现实生活中的问题、能否赢得客户的青睐。因此，创业计划书中对产品或服务的介绍应准确、详细且通俗易懂，最好附上产品原型、照片或其他相关资料，以便于非专业领域的投资者理解。

在介绍产品或服务时，创业者通常要回答以下问题。

（1）消费者能够从企业的产品或服务中得到什么？

（2）企业拥有哪些专利？企业对这些专利采取了哪些保护措施？

（3）企业在新产品研发和服务提升方面有什么规划？

（4）企业如何才能拥有稳定的消费者群？一旦失去消费者群，企业该怎样应对？

（五）人员及组织结构

高素质的管理人员和良好的组织结构是管理好企业的重要保证。因此，投资者会重点评估企业的主要管理人员及人员组织结构。

（1）主要管理人员。创业者在介绍主要管理人员时，应着重介绍他们的成就、经验、专业背景、所具有的能力、所担任的职务和承担的责任等。

（2）人员组织结构。创业者在介绍人员组织结构时，应着重介绍企业的组织结构，各部门的功能、职责、负责人及主要成员，企业的薪酬体系，企业的股东及其持股比例、背景资料等。

（六）生产计划

生产计划可以使投资者了解企业的产品研发进度、生产情况和所需资金。在撰写生产计划时，创业者应明确生产制造流程中的关键环节，写明生产部门的基本运营周期及间隔时间、季节性生产任务，并解释清楚生产中会遇到的问题及解决方案。

在创业计划书中，生产计划部分一般包括以下内容：厂房的基本情况（包括地址、基础设施和基本配置情况）、产品制造设备的现状、生产流程及关键环节的介绍、新产品的投产计划、生产经营成本分析、质量控制和改进计划及能力。

（七）营销策略

在创业计划书中，营销策略部分一般包括以下内容：产品的品牌和包装、营销渠道的选择、营销队伍的建设和管理、价格决策、促销计划和广告策略等。一般来说，初创企业因其知名度较低，通常很难进入其他企业已经控制的销售渠道，而不得不暂时采取高成本、低效益的营销策略，如上门推销、投放大量广告、向批发商和零售商让利、找经销商和代销商等。

（八）财务规划

财务规划是对企业筹资计划、投资计划、财务管理的统称。一份好的财务规划可以帮助企业降低经营风险，提高风险投资机构对企业的估值，从而提高企业获取资金的可能性。

初创企业的产品如果基于新技术，无法参考现有的市场数据，创业者应自行预测新市场的成长速度和所能获得的收益，并向投资者解读相应的财务模型。初创企业的产品如果进入已有市场，则创业者可以在获得目标市场相关信息的基础上，规划未来几年的财务管理的内容。

在创业计划书中，财务规划部分一般包括以下内容：创业计划的条件假设、资金的来源和使用、现金流量预测表、资产负债预测表、利润预测表等。

（九）风险分析

没有风险分析的创业计划书是不完整的，因为创业本身就带有一定的风险性。风险分析不仅能减轻投资者的疑虑，让他们对企业有全方位的了解，更能体现管理团队对市场的洞察力和解决问题的能力。

在创业计划书中，风险分析部分一般包括以下内容。

（1）市场风险。市场风险包括生产中可能遇到的问题、竞争中难以预料的方面、顾客的不同需求与反馈等。

（2）竞争风险。竞争风险包括现有竞争对手的价格策略、营销策略变化，新进入市场竞争对手可能带来的行业格局变化等。

（3）技术风险。技术风险主要是指产品研发和生产中的困境，如技术力量不够强大，员工熟练程度不高、经验不足，研发资金短缺等。

（4）资金风险。创业者需要阐明可能出现的资金周转不畅和资金断流等问题，也要讲明万一企业遭遇破产清算的后果，以及清算后有无偿还资金的能力。

（5）团队风险。创业者不能刻意隐瞒创业团队的缺陷和漏洞，而要如实反映情况，如人手不足、经验欠缺、资源匮乏等。

（6）其他风险。企业的其他风险有很多，如政策的不确定性、经营中的突发状况、财务上的不确定因素等，都可以归入此类。

四、创业计划书的评价

在编写完创业计划书后，企业可以从以下几个方面对创业计划书进行评价。

（1）创业计划书的逻辑是否清晰，论据是否充分，表达是否通俗易懂。

（2）创业计划书是否带有目录，以便投资者快速查阅各个章节的内容。

（3）创业计划书是否带有摘要，摘要是否写得简明扼要。

（4）创业计划书是否揭示了创业者具有丰富的管理经验，或者指明企业由专业人士管理。

（5）创业计划书是否揭示了企业有能力偿还借款。

（6）创业计划书是否提供了权威数据，以打消投资者对产品或服务的疑虑。

任务考核

一、单选题

1．创业计划书的基本结构包括（　　）。

① 封面　② 扉页　③ 目录　④ 摘要　⑤ 正文

⑥ 结论　⑦ 主题　⑧ 附录　⑨ 主体

A．①②④⑥⑦　　B．①③④⑧⑨

C．①②③⑤⑧　　D．②③⑤⑦⑨

2．创业计划书中的目标市场分析、行业分析、竞争对手分析等，属于（　　）的内容。

A．企业介绍　　B．市场分析

C．市场预测　　D．生产计划

二、多选题

1．下列关于创业计划书的说法中，错误的是（　　）。

A．创业计划书对投资者没有参考性

B．创业计划书帮助创业者管理企业

C．创业计划书帮助创业者把握创业思路

D．只有完全按照创业计划书开展创业活动，才能创业成功

2．摘要是整个创业计划书的精华和亮点，其内容应包括（　　）。

A．企业的基本情况　　B．创业项目的发展前景

C．企业的市场地位　　D．企业的管理策略

三、简答题

1．简述创业计划书的作用。

2．简述创业计划书的撰写要点。

力学笃行

实践概述

以项目四“力学笃行”实践中确定的创业项目为中心，撰写一份创业计划书。

实践目的

结合实际情况分析创业项目的可行性；在撰写创业计划书的过程中，加深对商业机会和商业风险的认识；掌握创业计划书的结构、内容、格式等。

实践准备

（1）介绍创业项目的创新之处，分析该项目的商业机会来源，阐述选择该项目的策略。

（2）预测创业过程中可能存在的商业风险，并从风险识别、风险评估、风险防范几个方面制订管理商业风险的方案。

实践过程

（1）各小组拟定创业计划书的标题。

（2）根据标题，小组成员共同制作创业计划书的封面、扉页和目录。

（3）小组成员分别负责创业计划书的一部分，以书面形式提交创业计划书。

成果展示

（1）选出 1 名小组成员代表，以 PPT 形式展示本组创业计划书的主要内容。

（2）小组成员根据实践情况，撰写活动心得。

请根据实践情况，填写表 7-4 和表 7-5。

表 7-4　小组成员及分工情况

班级		组号		指导教师	
小组成员	姓名	学号	任务分工		
组长					
组员					

表 7-5　实践计划及实施情况记录

时间安排	实施情况
实践准备	
实践过程	
成果展示	

项目学习成果

请根据本项目的学习和实践情况，填写表 7-6。

表 7-6　项目学习成果评价表

姓名		班级		日期		
学号			指导教师			
项目名称	商业模式创新与创业					
评价维度	一级指标	二级指标	评价标准	分值	评分	
知识评价	专业知识	了解商业模式创新	能够答对相应的习题，了解创新的含义与类型、商业模式创新的含义与途径	15		
		探寻商业机会并选择创业项目	能够答对相应的习题，了解商业机会的来源，识别商业机会，掌握创业项目的选择策略	15		
		规避商业风险	能够答对相应的习题，了解商业风险的来源，管理商业风险	10		
能力评价	专业能力	撰写创业计划书	能够撰写创业计划书，掌握创业计划书的基本结构、撰写要点	10		
素养评价	商业素养	拥有敏锐的商业嗅觉	能够熟练运用各种方法识别商业机会，从众多商业机会中选择合适的创业项目	10		
	综合素养	具有团队协作能力和沟通协调能力	能够与小组其他成员配合完成实践活动	10		
实践评价	实践准备	制订实践计划	小组成员分工明确，计划翔实，时间安排合理	10		
	实践过程	选定创业项目，共同撰写创业计划书	小组成员积极讨论创业计划书的标题，共同制作封面、扉页和目录，小组成员每人负责撰写创业计划书的一部分	10		
	实践成果	撰写活动心得	活动心得真实生动，内容深刻	10		
总分				100		

附　录

根据《零售业态分类》（GB/T 18106-2021），有店铺零售业态分类和基本特点见附录 1，无店铺零售业态分类和基本特点见附录 2。

附录 1　有店铺零售业态分类和基本特点

业态		基本特点		
		规模	商品（经营）结构	服务功能
便利店	社区型便利店	门店面积一般为 50～199 m²，货架组数为 15～25 组	以日常生活用品、饮料、烟酒、应急性商品以及部分生鲜商品为主。根据社区档次的不同，商品结构有所不同	营业时间通常在 16 小时以上，可提供线上订货及多种便民服务。有些便利店提供送货上门或顾客自提服务
	客流配套型便利店	门店面积一般为 50～120 m²，货架组数为 15～25 组	以饮料、香烟、即食商品、休闲食品、报纸、杂志为主，位于旅游景点的客流配套型便利店销售旅游纪念品	以提供早、中、晚即食商品，手机充电，ATM 取款，上网等服务为主
	商务型便利店	门店面积一般为 20～80 m²，货架组数为 10～20 组，设置简易就餐设施	以鲜食盒饭、即食商品、现冲饮料、新鲜水果、功能性饮料、蜜饯糖果、时尚小商品为主	以提供早、中、晚即食商品，信用卡还款，上网等服务为主。有些便利店提供线上订货服务
	加油站型便利店	门店面积一般为 10～120 m²，货架组数不等	以食品、饮料、香烟、应急商品、汽车养护用品为主	提供 ATM 取款等金融服务，以及洗车等汽车相关服务
超市	根据营业面积大小分类			
	大型超市	6 000 m² 及以上	以各类生活用品、包装食品及生鲜食品为主，注重自有品牌开发，能满足消费者将日常生活用品一次购齐的需求	通常设不低于营业面积 40%的停车场，营业时间为 12 小时及以上。有些大型超市提供线上订货服务
	中型超市	2 000～5 999 m²	以日常生活用品、包装食品及生鲜食品为主，经营品种少于大型超市	营业时间为 12 小时及以上。有些中型超市提供线上订货服务
	小型超市	200～1 999 m²	以包装食品及生鲜食品为主，提供日常生活必需品	营业时间为 12 小时及以上，通常提供便民服务。有些小型超市提供线上订货服务

（续表）

<table>
<tr><th colspan="2" rowspan="2">业态</th><th colspan="3">基本特点</th></tr>
<tr><th>规模</th><th>商品（经营）结构</th><th>服务功能</th></tr>
<tr><td rowspan="3">超市</td><td colspan="4">根据生鲜食品营业面积占比分类</td></tr>
<tr><td>生鲜超市</td><td>200～6 000 m²</td><td>以生鲜食品、包装食品为主，配置必需的非食商品，总经营品种为 7 000～15 000</td><td>营业时间为 12 小时及以上，提供生鲜食品简单处理、加工服务。有些生鲜超市提供线上订货服务</td></tr>
<tr><td>综合超市</td><td>2 000～10 000 m²</td><td>以非食商品为主，经营品种为 15 000～30 000，能满足消费者将日常生活用品一次购齐的需求</td><td>营业时间为 12 小时及以上。有些综合超市提供线上订货服务</td></tr>
<tr><td colspan="2">折扣店</td><td>300～500 m²</td><td>商品平均价格低于市场平均水平，自有品牌商品占较大比例</td><td>雇员较少，提供有限服务。有些折扣店提供线上订货服务</td></tr>
<tr><td colspan="2">仓储会员店</td><td>5 000 m² 及以上</td><td>以大众化的衣、食、日用品为主，自有品牌商品占相当部分，经营品种为 4 000～12 000，实行低价、批量销售策略</td><td>设相当于经营面积的停车场。有些仓储会员店提供线上订货服务</td></tr>
<tr><td colspan="2">百货店</td><td>10 000～50 000 m²</td><td>经营品种齐全，以服饰、鞋类、箱包、化妆品、家庭用品、家用电器为主</td><td>注重服务，提供餐饮、娱乐、休闲服务项目和设施</td></tr>
<tr><td rowspan="4">购物中心</td><td>都市型购物中心</td><td>不包含停车场的建筑面积通常为 50 000 m² 及以上</td><td>购物、餐饮、休闲和服务功能齐备，时尚、休闲、商务、社交特色较为突出</td><td>提供停车位、个性化休息区，还提供导购资讯、手机充电、免费上网、ATM 取款等多种便利服务</td></tr>
<tr><td>区域型购物中心</td><td>不包含停车场的建筑面积通常为 50 000 m² 及以上</td><td>购物、餐饮、休闲和服务功能齐备，所提供的商品和服务种类丰富</td><td>提供停车位、个性化休息区、免费针线包，还提供导购资讯、手机充电、免费上网、ATM 取款等多种便利服务</td></tr>
<tr><td>社区型购物中心</td><td>不包含停车场的建筑面积通常为 10 000～50 000 m²</td><td>以家庭生活、休闲、娱乐为特色，配备必要的餐饮和休闲娱乐设施，服务功能齐全</td><td>提供停车位、休息区、免费针线包，还提供手机充电、免费上网、ATM 取款等多种便利服务</td></tr>
<tr><td>奥特莱斯型购物中心</td><td>不包含停车场的建筑面积通常为 50 000 m² 及以上</td><td>以品牌生产商或经销商开设的零售店为主体，以销售打折商品为特色</td><td>提供停车位</td></tr>
<tr><td colspan="2">专业店</td><td>根据商品特点而定</td><td>以销售某类商品为主，体现专业性、深度性、品种丰富性</td><td>现场售卖人员可提供专业建议</td></tr>
<tr><td colspan="2">品牌专卖店</td><td>根据商品特点而定</td><td>以销售某一品牌系列商品为主，销量少、质优、毛利率高</td><td>注重品牌声誉，从业人员具有丰富的专业知识，提供专业的服务</td></tr>
</table>

（续表）

业态	基本特点		
	规模	商品（经营）结构	服务功能
集合店	300～1 500 m²	汇集多个品牌的多个品类的商品，产品间有较强的关联性	注重品牌声誉，从业人员具有丰富的专业知识，提供专业的服务
无人值守商店	10～25 m²	以饮料、休闲食品、应急性商品为主。根据区域不同，商品结构有所不同	可 24 小时营业

附录 2　无店铺零售业态分类和基本特点

业态	基本特点		
	商品（经营）结构	商品售卖方式	服务功能
网络零售	根据目标消费者设定产品结构	在线交易	送货到指定地点或指定自提点
电视或广播零售	商品具有某种特点，与市场上同类商品相比，有一定差异性	通过电视或广播向消费者推介商品，消费者通过电话订购	送货到指定地点
邮寄零售	商品适宜储存和运输	向消费者邮寄商品目录、报纸、杂志以宣传商品，待消费者订购后再邮寄商品	邮寄或快递到指定地点
无人售货设备零售	以饮料、包装食品和洗化用品为主，经营品种为 30 种以内	消费者通过自动售货机、无人货架、智能货柜等设备自助购买	自助服务
直销	以某一类或多品类的系列商品为主	销售人员直接与消费者接触，销售其产品	送货到指定地点或自提
电话零售	品种单一，以某类商品为主	通过电话完成销售	送货到指定地点
流动货摊零售	商品单价较低，能满足消费者的即时性购物需求	面对面销售	立刻获得商品

参考文献

［1］祝合良．现代商业经济学［M］．5版．北京：首都经济贸易大学出版社，2020．

［2］李奕轩．大学生商业基础教程［M］．北京：机械工业出版社，2022．

［3］创新创业特色教材编写组．大学生创新创业教育［M］．上海：上海交通大学出版社，2023．

［4］张静，尹霞．赢战未来：大学生创新创业教育［M］．北京：航空工业出版社，2020．

［5］曹益平，蓝荣东．电子商务［M］．上海：上海交通大学出版社，2023

［6］郑金萍，孙中升．商业基础［M］．北京：中国财富出版社，2016．

［7］郑翔洲，吕宝利，陈扬．新商业模式创新设计［M］．北京：电子工业出版社，2015．